ISBN 9798992974201

9 798992 974201

90000

ECOS DA MENTE

ENTRE A RAZÃO

E O INCONSCIENTE

A FORMAÇÃO DE UMA PSIQUIATRA

DEDICATÓRIA

Aos meus pais, Adão Garcia Ferreira e Kimiko Harada Ferreira, a quem devo tudo o que sou.

Mesmo que o tempo passe e a vida siga seu curso, a presença de vocês continua viva dentro de mim, guiando meus passos e iluminando minhas escolhas. Vocês foram meus primeiros professores. E me ensinaram o significado prático do amor abnegado e despojado, da generosidade e da resiliência. Cada gesto de incentivo, cada repreensão carinhosa e cada olhar compassivo foram sementes plantadas em minha alma, e ainda florescem todos os dias na minha trajetória como filha, médica e ser humano.

Se hoje sigo esse caminho, foi porque tive em vocês exemplos inquestionáveis de dignidade, força e coragem. A paciência do meu pai e a firmeza da minha mãe moldaram em mim o equilíbrio necessário para enfrentar os desafios da vida. A cada conquista, sinto a presença de vocês ao meu lado, como um sopro suave que me fortalece.

Este livro é também um tributo a vocês, que, mesmo não estando fisicamente aqui, seguem vivos em cada pensamento, em cada lembrança e em cada fibra do meu ser. Espero que, de onde estiverem, possam sentir o imenso amor e gratidão que carrego em meu coração.

Com eterna saudade e profundo amor,

Cristina "Michiko".

DEDICATÓRIA AO

DR. LUIZ SALVADOR

Ao Dr. Luiz Salvador de Miranda-Sá Junior, meu eterno Professor e mentor, dedico este livro com profundo carinho, respeito e gratidão.

Foi mais que um mestre – foi um guia, um farol nos momentos de incerteza e um porto seguro nos desafios da minha jornada. Com sua sabedoria, paciência e generosidade, moldou não apenas minha trajetória profissional, mas também meu crescimento como ser humano.

O Dr. Luiz Salvador foi meu segundo pai, aquele que me ensinou que a psiquiatria vai muito além do diagnóstico e da evolução do paciente; é a arte de compreender, escutar e acolher. Com ele, aprendi que a verdadeira medicina está no olhar atento, no respeito à singularidade de cada paciente e na busca incessante pelo equilíbrio entre ciência e humanidade.

A sua influência foi determinante para que eu me reinventasse, para que eu pudesse me reconstruir em meio aos desafios da vida, fortalecendo-me para seguir meu propósito com coragem e dedicação.

Hoje, cada página deste livro carrega um pouco da sua essência, da sua inspiração e do seu legado. Que esta obra seja também uma forma de honrar tudo o que aprendi com você, levando adiante os ensinamentos que um dia me foram confiados.

Com eterna gratidão,

"Crisss" (com forte sotaque recifense – como ele se referia à *"filha japonesa"*, dentre tantas outras filhas e filhos que adotou durante a vida).

TABELA DE CONTEÚDOS

POSFÁCIO

CURRICULO

PREFÁCIO

Há livros que nos tocam pela profundidade das palavras, outros que nos marcam pela verdade que carregam. O livro de Cristina é ambos. Quando recebi o convite para escrever este prefácio, senti-me honrado(a), pois não se trata apenas de um livro, mas de uma jornada de vida, um testemunho de fé e resiliência que merece ser compartilhado com o mundo.

Cristina traz nestas páginas sua essência, sua história e, acima de tudo, a força que encontrou para seguir adiante, mesmo diante dos desafios mais intensos. Suas palavras não são apenas relatos, mas um chamado para que cada leitor enxergue além das circunstâncias e descubra o poder da superação.

Ao longo dos anos, aprendi que cada pessoa carrega dentro de si um propósito, uma missão única, muitas vezes moldada pelas dores e pelas vitórias da caminhada. Cristina nos convida a refletir sobre isso, nos mostrando que, independentemente das tempestades que enfrentamos, há sempre um novo amanhecer esperando por nós.

Este livro não é apenas uma história — é um farol de esperança, uma mensagem de coragem e transformação. E é com imensa alegria que convido você, leitor(a), a embarcar nessa leitura, permitindo-se inspirar e ressignificar sua própria jornada.

Boa leitura!

Zyra Pancieri
Escritora, Mentora e Publicadora

BIOGRAFIA

Quem Sou Eu – Por *Cristina Michiko Harada Ferreira*

Nasci em Bela Vista, no Mato Grosso do Sul, em 26 de outubro de 1974, filha de Adão Garcia Ferreira e Kimiko Harada Ferreira. Desde pequena, fui fascinada pelo comportamento humano e pela forma como a mente influencia nossas decisões, emoções e relações. Crescer em uma família multicultural, numa região de fronteira, permitiu-me enxergar o mundo sob diferentes perspectivas, e isso, sem dúvida, moldou minha visão como médica psiquiatra.

Minha trajetória na Medicina começou na Universidade Federal de Mato Grosso do Sul (UFMS), onde me formei em 1998. Logo em seguida, mergulhei na Residência Médica em Psiquiatria na Santa Casa de Campo Grande, entre 1999 e 2000, um período que consolidou minha paixão pela especialidade. Obtive o Título de Especialista pela Associação Brasileira de Psiquiatria (ABP) em 2001.

O compromisso com a formação de novos médicos sempre esteve presente na minha jornada. Durante 16 anos, fui preceptora da Residência Médica em Psiquiatria na Santa Casa de Campo Grande, orientando futuros psiquiatras a compreenderem não apenas a técnica, mas a humanidade por trás de cada paciente. Também atuei como preceptora do curso de Medicina na Universidade para o Desenvolvimento da Região do Pantanal (UNIDERP), compartilhando minha experiência e incentivando a nova geração a olhar para a Psiquiatria com respeito e empatia. Lembro-me com carinho de alunos que seguiram diferentes especialidades, mas disseram ter um olhar mais humanizado para o doente mental, a partir das aulas e vivências que tiveram na graduação. Também me recordo, igualmente, dos ex-alunos que optaram pela Psiquiatria porque passaram a vê-la como uma especialidade muito mais interessante, ao perderem o viés moralista e preconceituoso com o qual a julgavam.

Além da atuação clínica, tive a oportunidade de trabalhar como perita forense pelo Tribunal de Justiça do MS e no Juizado Federal, entre 2003 e 2012. Essa experiência me trouxe um olhar ainda mais analítico sobre os transtornos psiquiátricos e suas implicações legais, aprofundando minha compreensão sobre a interseção entre mente, comportamento e suas implicações na responsabilidade na esfera jurídica.

Buscando sempre evoluir, fiz uma pós-graduação em Terapia de Orientação Analítica pelo Instituto Sapiens, ampliando minhas abordagens terapêuticas para oferecer um tratamento mais completo aos meus pacientes. Hoje, minha atuação é focada na Psiquiatria Clínica Geral, atendendo crianças, adolescentes, adultos e idosos. Acredito que cada fase da vida traz desafios únicos para a mente e, por isso, a abordagem psiquiátrica deve ser personalizada, respeitando a individualidade e a história de cada paciente.

Ao longo da minha trajetória, percebi que a Psiquiatria não é apenas uma profissão, mas também uma ciência e uma arte, como dizia meu mentor. Mas, acima de tudo, fico feliz sempre que me lembro que com ela, encontrei meu chamado; meu lugar no mundo.

Cada paciente que atendo, cada história que ouço e cada vida que ajudo a transformar reafirma a certeza de que escolhi o caminho certo. Ou, dialeticamente, que o caminho certo também me escolheu! Mais do que tratar doenças, minha missão é oferecer compreensão, acolhimento e novas perspectivas para aqueles que buscam auxílio para suas dores emocionais.

A Psiquiatria me ensinou que somos todos vulneráveis, mas que também somos, cada qual a sua maneira, incrivelmente resilientes. E que, mesmo nos momentos mais difíceis, há sempre uma possibilidade de recomeço. Este livro conta um pouco da minha perspectiva, a partir da minha trajetória, sobre eventos vitais, dores da alma, saúde mental, doença mental, resistência, adaptação e superação; enfim, sobre resiliência.

INTRODUÇÃO

A mente sempre foi um território fascinante e, ao mesmo tempo, enigmático. Desde os primórdios da civilização, tentamos compreender os mistérios do pensamento, das emoções e dos comportamentos que nos definem como seres humanos e indivíduos. A Psiquiatria, por sua vez, emergiu como uma ciência dedicada a decifrar essas complexidades, mas não sem enfrentar desafios, preconceitos e questionamentos ao longo de sua história.

Este livro pretende ser mais do que um compilado de conceitos médicos ou teóricos. Ele é um convite para mergulhar na complexidade da mente, evitando uma visão monocular e preconceituosa. Tentando compreender os transtornos psiquiátricos propriamente ditos, mas também as dores, os desafios e as diversas nuances da condição humana, das chamadas crises vitais, por meio de passagens históricas, relatos, reflexões e casos clínicos. A proposta é explorarmos as fronteiras entre o normal e o patológico, o consciente e o inconsciente, a sanidade e a loucura.

Mais do que diagnosticar doenças, a Psiquiatria busca compreender o ser humano em sua totalidade. Cada história narrada aqui traz não apenas sintomas e síndromes, mas vidas marcadas por experiências, perdas, medos e superações. Afinal, a saúde mental não é uma questão isolada; ela está entrelaçada com a cultura, a genética, o ambiente e as relações humanas. Ou seja, é multicausal, polimórfica e multifatorial.

Vivemos em um tempo em que falar sobre saúde mental se tornou uma necessidade urgente. Os transtornos psíquicos já não podem ser tratados como tabu, e a informação é uma ferramenta essencial para desmistificar tabus e abrir caminhos para o acolhimento e o tratamento adequado. Apesar de toda evolução que já se alcançou neste quesito, ainda existe muita desinformação e preconceito quanto ao doente mental, sobretudo, quanto ao paciente psicótico. Este livro surgiu da ideia de ajudar a preencher essa lacuna, proporcionando ao leitor não apenas conhecimento, mas também uma nova perspectiva sobre a mente humana.

Compreender a mente humana é, sem dúvida, um dos maiores desafios da existência na vida moderna. Durante séculos, tentamos decifrar seus mistérios, seus padrões, suas sutilezas a partir de prismas e pontos de vistas diferentes; por vezes limitados por crenças e dogmas monolíticos.

A psique continua sendo um universo vasto, onde ciência, emoção, cultura e espiritualidade se entrelaçam de formas inesperadas. Este livro nos convida a uma jornada profunda por esse território complexo, refletindo não apenas os aspectos técnicos da Psiquiatria e da Psicologia, mas, sobretudo, sobre histórias humanas que nos ajudam a entender que ninguém está imune ao sofrimento mental e que a compreensão é o primeiro passo para a cura.

A Psiquiatria, muitas vezes, foi tratada como um campo marginal dentro da Medicina, desacreditada por séculos devido à falta de métodos concretos para aferir com exatidão suas circunstâncias de causa e efeito. Mas o tempo e a ciência mostraram que os transtornos mentais são tão reais e debilitantes quanto qualquer outra enfermidade física.

A depressão, a ansiedade, os transtornos de personalidade, as dissociações, as conversões e as psicoses não são meros estados de possessão espiritual ou "falta de força de vontade". São condições que merecem ser compreendidas e tratadas com mais complexidade, profundidade, respeito e seriedade.

A ideia central deste livro é trazer o tema da Psiquiatria, da Psicologia e da Saúde Mental, numa abordagem sensível e humanizada, mas ao mesmo tempo técnica e esclarecedora, do *ponto de vista biopsicossocial*, dando a cada protagonista o seu devido peso. Ele não tenta apenas explicar como nossa mente funciona, mas também tenta fazê-lo sob uma perspectiva natural, orgânica e cotidiana. Mostrando como traumas, vivências e heranças emocionais sofridas em qualquer momento da vida tendem a impactar a maneira como sentimos, pensamos e agimos.

Aqui, não há julgamentos, apenas busca pela compreensão do que pode existir por trás do sofrimento psíquico. Cada história compartilhada nos lembra de que, por trás de cada diagnóstico, há uma pessoa que ama e que é amada, que sofre e que também traz sofrimento; que luta e faz com que lutem por ela; que sonha e que inspira outros a sonharem também.

Se há uma mensagem especial que se espera que se extraia desta leitura, é a de que todos nós temos um papel na construção de uma sociedade mais empática e consciente sobre a saúde mental. Seja como profissionais da saúde, familiares, amigos ou simplesmente como seres humanos compartilhando o mêsmo mundo, temos a responsabilidade de olhar para além do visível e reconhecer que a dor emocional também exige acolhimento, cuidado e tratamento. Para isso, a abordagem utilizada é a visão médica do adoecer mental, como se fosse qualquer outra doença física, para que não sobre espaço para julgamentos e preconceitos de ordem moral ou religiosa.

O objetivo deste livro é, acima de tudo, trazer uma oportunidade para refletirmos sobre nós mesmos e sobre aqueles que nos cercam. Criar uma oportunidade para que possamos enxergar a complexidade da mente com mais empatia, compreensão e respeito.

Ao final desta jornada, espero que cada página tenha despertado em você um olhar mais atento e ampliado para a importância do cuidado com a saúde mental e compreensão sobre o impacto que ela tem na construção de uma vida mais plena e equilibrada.

Seja bem-vindo a essa imersão no universo da Psiquiatria e da alma humana.

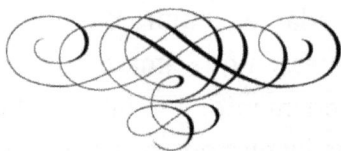

A Psiquiatría e Eu

VOCAÇÃO

(VOCCARE, CHAMADO)

Desde a infância, o comportamento humano sempre me fascinou e despertou minha curiosidade. Como dizia o Dr. Salvador sobre ele próprio: "desde criança, eu me interessava por gente!". Creio que esse seja um traço comum em psiquiatras, psicólogos, psicanalistas, sociólogos, educadores, antropólogos, gestores de recursos humanos e de outros profissionais da área de ciências humanas ou da interface de humanas com biológicas, que se dispõem a lidar com pessoas.

De forma intuitiva, ao longo do meu desenvolvimento até o início da vida adulta, fui formando diversas concepções, ainda que ingênuas e rudimentares, sobre a Psiquiatria e a Saúde Mental. Essas ideias surgiram a partir de experiências pessoais, familiares e sociais. Algumas noções preconcebidas consegui desconstruir de maneira instintiva e parcial, antes mesmo de ingressar na residência em Psiquiatria. No entanto, outras crenças distorcidas, influenciadas por mitos e dogmas culturais absorvidos inconscientemente, permaneceram enraizadas. Nem mesmo ao concluir minha formação consegui me livrar completamente delas. Foi apenas através da vivência – essa experiência carregada de afetividade –, na prática clínica diária, que pude compreender, na medida do possível, o verdadeiro significado de alguns conceitos mais delicados e frequentemente estigmatizados do sofrimento psíquico.

Por muito tempo, também acreditei que a Psiquiatria se resumia a dois extremos: casos considerados "perdidos" e intratáveis, como as psicoses graves, ou preocupações banais e pouco relevantes – frivolidades de "pessoas frágeis", que não teriam enfrentado desafios suficientes na infância e juventude para "aprenderem a viver". Algumas dessas concepções equivocadas só foram desfeitas quando entrei em contato com o "Estado da Arte" e com o conhecimento científico mais aprofundado.

Curiosamente, percebo que esse processo de desconstrução e amadurecimento ocorre não apenas no nível individual, mas também na evolução do conhecimento científico da humanidade. Assim como um indivíduo supera medos e crenças infantis ao longo do seu crescimento, a compreensão médica sobre as doenças e o sofrimento mental também passou por um percurso semelhante. Saímos de uma era de trevas e obscurantismo na Idade Média – quando transtornos mentais eram vistos com medo e superstição, como uma criança que teme monstros e o bicho-papão – para um Renascimento e, mais tarde, um Iluminismo, representando os primeiros passos em direção à maturidade do conhecimento psiquiátrico.

É importante lembrar que, antes desse período de escuridão, houve o brilho do século V a.C., na Grécia Antiga, quando grandes avanços foram feitos não apenas nas Artes e nas Ciências, mas também na Medicina e, dentro dela, na Psiquiatria. Foi nesse momento histórico que se lançaram algumas das bases que ainda hoje influenciam a forma como compreendemos a mente humana.

Nasci e cresci em Bela Vista, então pertencente ao Mato Grosso, na fronteira com o Paraguai. Passei minha infância imersa em histórias e estórias. Digo isso porque muitas eram relatos reais, enquanto outras pareciam fabulosas – para não dizer fantásticas. Desde cedo, essa contação de estórias despertou meu interesse pelo ser humano e pela complexidade de sua existência. As fontes eram as mais diversas possíveis. Pelo lado paterno, minha avó, minhas tias e meu pai, gostavam de partilhar histórias antigas. Minha mãe, japonesa, também.

Quando ainda morávamos em Bela Vista, meus pais eram amigos de uma das poucas famílias japonesas da região. O patriarca dessa família havia sido soldado na Segunda Guerra Mundial, no Pacífico Sul. Eu ainda não compreendia exatamente o que havia sido aquela guerra, apenas sabia que tinha sido algo grandioso e que, de alguma forma, também afetara a vida da minha mãe, que era japonesa.

Aquele ex-soldado japonês compartilhava relatos impressionantes sobre os tempos de guerra. Contava que, diante da escassez de comida e do risco iminente de morte por inanição, ele e seus companheiros de pelotão precisaram se alimentar de carne de cachorro e de plantas tropicais desconhecidas – desde que parecessem não ser venenosas. Ele não parecia o típico soldado com trauma de guerra, calado e recluso, que mantinha tudo fechado a sete chaves. Eu me lembro de almoços de domingo, na casa deles, em que ele contava animado essas histórias. Eram histórias de um sobrevivente. Hoje não me lembro com exatidão se ele estava já embriagado de saquê quando começava a expor suas reminiscências da juventude; mas me lembro muito bem que a mulher dele servia sorvetes Kibon® para nós, crianças. Era uma iguaria rara e cara nos anos 1970; o ponto alto do nosso domingo. Certa vez minha mãe falou para todos à mesa que eu tinha dito que o sorvete era minha parte preferida das visitas dominicais, e todos riram de mim. Apesar de ser ainda pequena, eu me levava muito a sério e fiquei magoada com a indiscrição dela; considerei uma verdadeira traição.

Para os civis japoneses a vida também tinha sido muito dura durante a guerra, com muitas privações. Minha mãe relatava que, ainda criança, no vilarejo onde vivia no Japão, todos precisaram recorrer a alimentos impensáveis para sobreviver, como gafanhotos, quando os alimentos, racionados, acabavam de vez.

No início, eu não sabia bem o que pensar sobre aquelas histórias. Elas me pareciam irreais, absurdas, difíceis de conceber. Não pareciam coisas reais, vividas por pessoas tão próximas e tangíveis. Aliás, tudo soava muito estranho. O Japão, para mim, não existia como um país do outro lado do mundo. Naquela época, eu sequer tinha um conceito formado sobre geolocalização. Era como se minha mãe e aquela família de japoneses tivessem vindo de um lugar remoto; até mesmo de outra dimensão, talvez.

O que mais me impressionava, no entanto, não eram apenas os relatos em si, mas o tom de voz e as expressões nos olhos dos adultos ao contá-los. Algumas vezes, falavam com pesar e melancolia; outras, com um sorriso nostálgico, uma risada tímida ou até um tom brincalhão, carregado de emoção; às vezes, chegando ao riso.

Com o tempo, à medida que fui desenvolvendo minha capacidade de simbolizar e compreender o que havia de oculto e abstrato por trás daquelas palavras duras, comecei a entender o horror da guerra. Passei a perceber os extremos do auto sacrifício a que os seres humanos podem chegar em seus momentos de maior necessidade e desespero. Isso só aumentou meu fascínio pela nossa incrível capacidade de adaptação e resiliência.

Ouvir histórias – fossem elas relatos, estórias ou até mêsmo "causos" – sempre me fascinou. Independentemente de quem as contava, havia sempre um novo olhar, uma perspectiva única, um prisma diferente sobre a vida, sua imprevisibilidade e seus mistérios. Os lugares onde morei e o estilo de vida proporcionado pelos meus pais, naturalmente, moldaram minha visão de mundo.

Bela Vista, devido à sua posição estratégica junto ao rio Paraguai e à Bacia Cisplatina, foi por muitos anos um entreposto alfandegário. Essa condição fez dela um ponto de entrada para diversos imigrantes que chegavam ao Brasil, subindo desde o Atlântico Sul a partir do Uruguai e da Argentina. Eles vinham em ondas migratórias, muitas vezes impulsionadas por conflitos mundiais ou regionais.

Além desses fluxos externos, também houve migrações internas. No século XIX, por exemplo, após a Revolução Farroupilha, muitos gaúchos se deslocaram para a região – entre eles, os ancestrais do meu pai. Com o passar dos anos, chegaram os japoneses, que começaram a entrar pelo porto de Santos a partir de 1908, mas cuja presença se intensificou com o fim da Segunda Guerra Mundial. Havia também sírio-libaneses, judeus e armênios fugindo da perseguição étnica e religiosa no Oriente Médio. Eram chamados genérica e indistintamente de "árabes" ou "turcos" pelos nativos da região. Meu pai sempre dizia: "Cuidado (com as generalizações)! Até tem alguns turcos no meio, sim; mas a maioria veio é fugindo (da perseguição) dos turcos otomanos! É ofensa grave para eles, serem chamados de 'turco'".

Além disso, ao longo dos anos, em ondas, chineses, coreanos e até vietnamitas e cambojanos, por conta dos conflitos bélicos em seus respectivos países no século XX, buscaram oportunidades na região, assim como aventureiros e fugitivos políticos de diversas origens – sobretudo franceses, alemães, poloneses – já tinham buscado refúgio nos rincões isolados do sul da América do Sul nos 150 anos anteriores e continuaram fazendo até a primeira metade do século XX.

Como é característico do Brasil – e, ao que parece, da cultura ibérica em geral –, esse caldeirão de etnias resultou em uma intensa miscigenação racial e cultural. Povos de origens distintas mais do que se entrelaçaram. Criaram um verdadeiro amálgama interracial; dando forma a um verdadeiro sincretismo racial, filosófico, cultural e religioso. No entanto, esse processo nem sempre ocorreu pacificamente.

Na minha própria família, há relatos de dor e sofrimento causados por intolerância étnico-racial – uma pequena amostra do que, certamente, aconteceu com inúmeras outras famílias. Acredito que esse fenômeno esteja profundamente ligado à neofobia, o medo do novo e do desconhecido, especialmente entre os membros mais velhos da comunidade. Esse temor, é claro, foi amplificado de maneira oportunista por ideologias, como a eugenia e a crença em uma raça superior, que ganharam força na primeira metade do século XX. Ironicamente, foram essas mesmas ideologias fundamentalistas que deram força e ignição para os conflitos mundiais mais devastadores; e que acabaram desencadeando as grandes ondas migratórias em busca de liberdade política, econômica e religiosa. Essas ondas migratórias culminaram, pelo menos na América Latina, na miscigenação racial que originalmente era tão temida e a todo custo, evitada.

O termo "cadinho" refere-se a um recipiente em forma de pote, geralmente feito de material refratário, resistente ao calor do fogo, utilizado para fundir e refinar materiais em altíssimas temperaturas. Por séculos, ourives e alquimistas o usaram para purificar ouro; por isso, a palavra também adquiriu um significado metafórico. Segundo alguns estudiosos bíblicos, cadinho simboliza o sofrimento dos filhos de Deus, pois figurativamente faz referência às provas e angústias que moldam e purificam a alma (Site: Sabedoria Portuguesa – Dentro do Cadinho! Sabedoria para o Coração).

No contexto do sincretismo resultante da intensa miscigenação racial – da qual eu mesma sou fruto –, ocorrido nesta região específica do mundo, em um momento peculiar do século XX, achei que a palavra cadinho, com seus significados simbólico e metafórico, era uma escolha especialmente apropriada.

Anos mais tarde, no início dos anos 1980, já morando em Dourados, soubemos pela TV que um vizinho muito popular e querido em Bela Vista – um comerciante sagaz e bonachão – poderia ser, na verdade, um ex-oficial nazista que vivia na cidade desde 1958, sob identidade falsa. Ele era conhecido pela alcunha de Papito e dizia ter vindo da Argentina. Meu pai lembrava que ele sempre foi uma figura peculiar: entre suas muitas habilidades, era ventríloquo e vendia bonecas "falantes", um sucesso absoluto entre as crianças. O problema é que, ao chegarem em casa, os pequenos descobriam, frustrados, que as bonecas ficavam mudas.

Papito parecia um homem teatral, espalhafatoso, pouco discreto para alguém que supostamente deveria manter um *low profile* – comportamento que, convenhamos, seria o esperado de um criminoso de guerra foragido e procurado pelo Mossad.

Sempre que penso nele, lembro do personagem magistralmente interpretado por Christoph Waltz no filme Bastardos Inglórios – o astuto Coronel Hans Landa. Talvez Papito acreditasse que estava bem protegido, vivendo no fim do mundo sob o disfarce de um pacato comerciante. Casou-se com uma moça nativa de Bela Vista, dona Ivone, que aparentemente desconhecia completamente sua "real" identidade.

Inicialmente, segundo lembra minha tia Graça, ele tentou investir em um loteamento inovador na cidade, batizado de Cidade Interplanetária Luz Divina, um projeto moderno e ambicioso, especialmente considerando a época e o local. O empreendimento, no entanto, não prosperou, apesar da intensa publicidade exibida antes de cada sessão no cinema da cidade.

Alguns anos depois, começaram a circular rumores de que ele mantinha correspondências com pessoas do mundo todo. Alegava ter descoberto as propriedades medicinais da casca da árvore do ipê – e promovia sua suposta eficácia como cura para qualquer tipo de câncer. Diziam que ele exibia, orgulhoso, cartas de agradecimento de indivíduos que teriam sido "milagrosamente curados". Uma dessas cartas, segundo os relatos, teria sido assinada por ninguém menos que Jackie Kennedy – ou melhor, Jackie Onassis, como ela já estaria assinando na época.

Na mesma medida em que recebia cartas, Papito enviava inúmeras caixas para o exterior. Essa movimentação comercial repentina teria despertado suspeitas. De um simples vendedor de armarinhos, roupas e utensílios domésticos, tornou-se um homem rico e próspero. Curiosamente, nos últimos anos antes de seu desaparecimento, mudou completamente o foco do seu comércio: passou a vender apenas estátuas de santos, com cerca de 1,30m a 1,40m de altura. O movimento na loja parecia ter caído drasticamente.

Segundo rumores, um caminhoneiro que passou por Bela Vista desconfiou da figura excêntrica do comerciante e de sua trajetória incomum. Outros dizem que ele já chegou à cidade com o alvo em mente. O fato é que, quando a notícia estourou, culpado ou não, Papito desapareceu de Bela Vista da noite para o dia. E nunca mais se ouviu falar dele.

Presumindo que Papito fosse, de fato, um ex-oficial nazista, é pouco provável que tivesse a mesma envergadura política que figuras como Adolf Eichmann – capturado pelos israelenses em Buenos Aires, em 1960, levado a julgamento e executado em 1962. No entanto, talvez possuísse traços psicopáticos e histriônicos que o impulsionassem a se expor compulsivamente a situações de risco, quase como se buscasse deliberadamente chamar atenção para si.

Há diversos relatos na literatura forense sobre psicopatas que, por pura vaidade e desejo de demonstração de poder, chegam a se comunicar com as autoridades, desafiando-as a capturá-los. Um exemplo clássico foi o Assassino do Zodíaco. Seria Papito alguém assim? Um homem que, inconscientemente, se colocava em evidência pelo prazer de viver perigosamente? Ou apenas um excêntrico comerciante que carregava um passado envolto em mistério?

No fim, essa é apenas uma elucubração sobre um personagem que habitou minha infância e povoou meu imaginário com sua aura enigmática.

Anos depois, foi a vez do nome de Josef Mengele ganhar destaque nos jornais e noticiários de TV. Aparentemente, ele

23

teria vivido por muito tempo no Paraguai, sob a proteção do governo de Stroessner. Teriam encontrado apenas sua ossada – um desfecho que, de certa forma, apenas alimentava ainda mais as especulações e o misticismo em torno de sua fuga.

Com todas essas histórias, a mítica da Segunda Guerra Mundial foi crescendo em minha mente, tornando-se um hiperfoco que, por muito tempo, alimentei com curiosidade e fascínio. Meu pai compartilhava desse mesmo interesse, o que fazia com que esse universo se tonasse ainda mais presente em nossas conversas e reflexões.

Para completar a lista dos mirabolantes personagens que povoaram minha infância, ainda tinha o fantástico "Sargento" Onoda. Eu sempre ouvi dos meus pais a quase inacreditável história desse soldado japonês, que virou exemplo de extrema coragem e devoção à pátria (com uma boa pitada de "teimosia e ilusão", segundo seus biógrafos) por permanecer mais de três décadas escondido nas matas das Filipinas em condições precárias. Mesmo depois que o Exército Imperial Japonês se rendeu aos Aliados a bordo do USS Missouri, em 02 de setembro de 1945, Hiroo Onoda permaneceu mais 29 anos, crente de que o Japão continuava na guerra e de que ele precisava permanecer no *front*, em alerta. Qualquer coisa menos que isso, seria deserção. Mesmo com os panfletos, jogados por aviões que sobrevoavam a região, anunciando o fim da guerra, ele se recusava a acreditar que o Japão havia se rendido. Nos últimos 18 meses, esteve em completa solidão. Seu último companheiro (Kozuka) foi morto num conflito com a polícia filipina. Onoda era descendente de uma longa geração de samurais; o próprio pai fora sargento da cavalaria e morrera na Segunda Guerra Sino-Japonesa. Ele havia se alistado para lutar na guerra, aos 18 anos, logo após o ataque a Pearl Harbor, inspirado na história dos ancestrais. Foi escolhido para receber treinamento militar atípico na Escola Militar Nakano, em Futamata; lá teve formação em inteligência, contrainteligência, sabotagem, guerrilha na selva e propaganda. Essa especialização técnica, com forte doutrinação ideológica, deve ter contribuído muito para que Onoda tivesse uma inclinação natural para duvidar de qualquer recurso que usassem para tentar convencê-lo de que a guerra havia acabado, e mal, para o Japão. Ele contou em sua biografia que ele e seu colega Kozuka faziam conjecturas e elucubrações ao redor de ideias fixas paranoides, e rejeitavam qualquer pensamento que não se encaixasse em seu conjunto de ideias pré-fixadas. Anos depois, em entrevistas de TV no Japão, rememorando o passado, Onoda teria dito, brincando, que no auge dos seus 'delírios', se o próprio imperador Hirohito aparecesse, em pessoa, na ilha, comunicando o fim da guerra, ele talvez tivesse dúvidas. De fato, ele só emergiu das selvas, após extensas negociações e quando seu comandante foi localizado pelo Exército e enviado até ele: o Major Yoshimi Taniguchi, que havia se tornado livreiro, foi quem finalmente o convenceu a entregar o rifle, 500 munições, sua espada cerimonial, e uma adaga. Saudou a bandeira japonesa. Entregou a espada ao presidente filipino e foi perdoado por seus inúmeros crimes contra o Estado. Conta que passou por todo esse processo muito desconfiado e pronto para uma armadilha. Tinha 52 anos.

Na Escola Nakano, também recebeu instruções contrárias ao código militar japonês tradicional Senjinkun. O código proibia os combatentes de se renderem prisioneiros; instigava-os a morrer em luta ou em autossacrifício (como Kamikazes, por exemplo). Segundo Onoda escreveu em "No Surrender: My Thirty Years War" (Sem me Render: Minha Luta de 30 anos", em tradução livre), ele teria recebido a seguinte ordem antes de partir para as Filipinas: "você está proibido de morrer pelas suas próprias mãos!".

Mas o que mais me intrigava no todo, foi o modo como ele, com toda a convicção quase delirante, adquirida desde muito jovem no nacionalismo japonês, mais os 30 anos passados na selva, em condições subumanas, conseguiu se reinventar de modo tão impressionante. Quando aceitou o fim da guerra e voltou para a civilização em março de 1974, foi condecorado e tratado como herói nacional no Japão. Minha mãe contava que ele havia recebido o soldo retroativo por cada hora e minuto passado na selva. Como esperado, ele não se adaptou mais ao país que o Japão havia se tornado; alinhou-se politicamente à direita e tentou apregoar valores conservadores. Em 1975, desistiu do projeto e imigrou para o Brasil. Com o dinheiro que acumulou involuntariamente, comprou uma fazenda aqui no município de Terenos, a 30km de Campo Grande, então ainda estado do Mato Grosso. Constituiu família e tornou-se um próspero fazendeiro. Voltou ao Japão várias vezes, tentando organizar um movimento de conscientização e formação, para jovens, que os reconectasse à natureza e favorecesse o surgimento de valores positivos. Faleceu de causas naturais em 2014, aos 91 anos. Mas sua história ganhou o mundo. Recentemente (2022), o filme "Onoda: 10 mil noites na selva", do cineasta francês Arthur Harari, ganhou um Cesar como filme de melhor roteiro original, no Festival de Cannes. Apesar de muito elogiado, o filme também foi criticado pelo tom nacionalista, que reativou o ressentimento contra o militarismo japonês no extremo oriente na primeira metade do século XX. E, também, porque Onoda e seus soldados, com suas crenças belicistas, mataram civis filipinos depois do fim da guerra. (Fonte: BBC culture – James Balmont; aventurasnahistoria.com.br – Fabio Previdelli)

No meu primeiro ano de faculdade na UFMS, em 1993, morei alguns meses na fazenda da minha tia Graça e do tio Crizanto, quase lindeira à fazendo do "Sargento" (como meu pai dizia; mas na verdade Tenente Onoda). Passávamos em frente todos os dias, indo e voltando de Campo Grande e da estrada, era possível ver as cinco grandes placas com as letras ONODA. Eu ficava fascinada com a ideia de ter um personagem histórico geograficamente tão próximo de mim; e, lógico, tinha uma curiosidade imensa de conversar com aquele homem. Mas creio que nessa altura ele já estava passando mais tempo no Japão do que no Brasil. Lembro-me de uma vez meu tio brincar comigo: "Cuidado! Capaz de você ser recebida a tiros por ele!" – Pensei: "Verdade! Old habits die hard!" (Velhos hábitos são persistentes!)

Apesar de parecer já ter uma história fantástica o suficiente, Onoda não foi o último soldado japonês a resistir no *front*. Em dezembro de 1974, Teruo Nakamura foi resgatado na ilha de Morotai, na Indonésia, morando isolado havia décadas, numa pequena cabana. Na verdade, Teruo havia nascido Attun Palalin, um indígena taiwanês muito pobre, da tribo Amis. Alguns registros dizem que foi forçado a servir no Exército Imperial japonês, já que Taiwan era colônia do Japão. Outros registros dizem que ele se voluntariou. Os remanescentes do seu grupamento haviam entrado em modo de guerrilha após a maior parte ter morrido, ou se rendido, num confronto com tropas americanas e australianas, em 15 de setembro de 1944. Muitos dos seus colegas que se refugiaram na mata densa foram morrendo aos poucos; de fome, doenças tropicais, capturados ou rendidos. Os panfletos anunciando o fim da guerra eram tidos por eles como propaganda enganosa. Sem notícias de sua rendição, o governo japonês o declarou morto em combate ("KIA") em novembro de 1944.

Por volta de 1958, ele se separou do grupo de sobreviventes. Há versões de que haviam tentado matá-lo. Sem contato com o comando central e com pouca escolaridade, ficou sem notícias do final da guerra; mas mantinha-se vestido com farrapos do uniforme japonês que recebera décadas antes e cumpria o ritual militar com honradez. Evitava centros urbanos ao máximo; só os buscava quando precisava de instrumentos de primeira necessidade que não poderia manufaturar. Sobrevivia comendo bananas e pescando. Cozinhava cautelosamente à noite; para que não vissem a fumaça. Contava os dias observando os ciclos lunares e controlava meses e anos, dando nós numa corda. (Fonte: https://allthatsinteresting.com)

Havia uma intensa atividade de caças militares cada vez mais modernos a sua volta, o que piorava ainda mais o mal-entendido, pois fora treinado para esperar uma intensa guerra aérea e uma corrida armamentista entre o Eixo e os Aliados. Mas a base aérea também foi o que possibilitou que o combatente fosse finalmente localizado. A embaixada japonesa em Jacarta foi notificada e o governo japonês financiou a missão de resgate do soldado. Só que havia um problema: Taiwan havia deixado de ser colônia japonesa nesse intervalo de tempo. Ao ser interpelado sobre qual nacionalidade preferiria, Teruo preferiu sua terra natal. Isso incomodou o governo japonês. Por lei, eles não eram mais obrigados a ressarcir seus soldos desde 1953, quando houve uma mudança nas leis de pensão. Além disso, Teruo não era etnicamente japonês; nem era oficial do Exército, como Onoda. O governo não queria tratá-lo com o mesmo deferimento com que tinha tratado Onoda. Mas o povo japonês e o governo indonésio tomaram suas dores e o acolheram amplamente. Iniciou-se uma campanha pública em defesa de seus interesses e o governo japonês foi forçado a voltar atrás e ressarci-lo, como fez com Onoda.

O que mais me impressionou no caso de Palalin (Teruo) foi sua dedicação e lealdade a uma causa que não era dele. Estava servindo a um país (Japão) que havia colonizado os colonizadores (Taiwan) de sua terra. Sua história reacendeu debates acerca de etnia e lealdade. Teria declarado certa vez à Time: "Meu comandante disse para lutarmos até o fim; foi o que fiz." Para atraí-lo, a equipe de resgate hasteou a bandeira japonesa e tocou o hino nacional. Ele morreu cerca de 04 anos depois de voltar para Taiwan, de câncer de pulmão. Deixou um legado de honra e coragem.

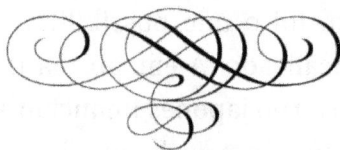

MINHA MÃE

Minha mãe também veio ao Brasil, na fronteira com o Paraguai, em uma dessas correntes migratórias, mas não pela Bacia Cisplatina. Ela nasceu em março de 1939, em Kumamotoken, Kyushu, no extremo sul do Japão, em uma família de camponeses extremamente pobres. Antes mesmo da declaração de guerra do Japão contra os Estados Unidos, a vida já era difícil e repleta de adversidades. Nos anos seguintes, com a guerra e a derrota, a situação apenas piorou.

Quando imigrou para o Brasil, em 1958, já carregava consigo a genética da depressão e da angústia, intensificadas exponencialmente por um ambiente hostil e implacável. Durante a guerra, ela e sua família enfrentaram privações severas – pobreza extrema, escassez de comida e água. O racionamento era brutal: só podiam riscar um único palito de fósforo por dia, e a chama precisava durar o máximo possível. Além disso, havia o risco iminente dos bombardeios americanos (*raids* aéreos), que os obrigavam a correr em busca de abrigo nas cavernas das ruínas arqueológicas da região sempre que a sirene de alerta vermelho soava.

Quando o Japão se rendeu, em 1945, o país estava devastado. Não havia recursos suficientes para alimentar a população que sobrevivera ao conflito. Os estados do extremo sul do Japão, como Kyushu, e a ilha de Okinawa estavam entre os mais empobrecidos. Por diversas razões, essas regiões tiveram um dos maiores fluxos migratórios, pois muitas famílias viam na emigração uma chance de aliviar o desequilíbrio entre a necessidade de gerar recursos e o número de bocas a alimentar.

Minha mãe teve uma infância extremamente difícil. Além das dificuldades impostas pela guerra e pela pobreza, enfrentou tragédias familiares: o alcoolismo de meu avô, a morte prematura de um irmão mais velho – afogado em uma fossa a céu aberto, em circunstâncias obscuras – e a perda da própria mãe, em 1952, vítima de um mal súbito enquanto dormia.

Minha avó Yukie era uma mulher de saúde frágil, mas com um espírito forte e inquebrantável. Lembro-me de uma história que minha mãe sempre contava: certa vez, meu tio caçula, então com cinco ou seis anos, se perdeu durante uma feira agrícola. Ele subiu na carroça errada, adormeceu e desapareceu. Minha mãe, ainda jovem, entrou em desespero, chorando e imaginando os piores cenários possíveis para o irmãozinho.

Foi então que minha avó a repreendeu com firmeza:

— "Por que choras? Estás diante do cadáver dele, por acaso?!"

Dois ou três dias depois, a família que o levara por engano o trouxe de volta. Minha mãe lembrava desse episódio com um sorriso no rosto, rindo do quanto ele estava feliz e satisfeito com a aventura – afinal, fora muito bem tratado e alimentado pelos seus anfitriões.

A morte abrupta da minha avó, aos 33 anos, marcaria para sempre a personalidade da minha mãe, imprimindo nela um tom amargo e pessimista. Embora já soubesse, com todas as suas fibras, que a vida era dura, a partir desse momento parecia que toda a esperança e otimismo haviam se esvaído. Ela tinha apenas 13 anos. Ainda era uma menina, mas, como terceira filha (segunda viva) e a mulher mais velha da casa, teve que assumir a responsabilidade sobre os irmãos menores.

Com o país devastado, a política de incentivo à emigração estava em alta – uma tentativa de reduzir o desemprego, o caos social e a superpopulação. Após a morte da minha avó, meu avô decidiu, finalmente, realizar o sonho que ela tanto acalentara: partir para o Brasil com os filhos. Mas essa súbita mudança de ideia foi mais um golpe para minha mãe. Ela nunca viu sentido em satisfazer desejos póstumos; acreditava que presentes, mimos e agrados deviam ser oferecidos em vida. Além disso, não queria abandonar sua terra natal (*furusato*). O amor que sentia pelo Japão era profundo, e seu maior desejo era fazer parte do processo de reconstrução do país. Mas, jovem e solteira, não teve escolha. Teve que partir.

Trinta e quatro anos depois, quando decidiu refazer o caminho inverso – Brasil-Japão –, levando consigo meu pai e meus dois irmãos caçulas, eu estava quase na mesma idade que ela tinha ao emigrar. E, como tudo na vida é cíclico, também quis ficar no meu país. Dessa vez, no entanto, a escolha era minha. Ela permitiu.

— "Sei como é não poder decidir seu próprio destino num momento tão importante da vida. Quero que seja diferente com você. Estude e prospere!" (*Benkyōo shite, yoku ganbatte!*).

Quando minha mãe chegou ao Brasil com a família, ainda vigorava uma lei eugenista instituída por Getúlio Vargas, que proibia a entrada de deficientes físicos, doentes mentais e pessoas com deficiências intelectuais. Meu avô tinha um "olho de vidro" – uma prótese que usava desde a infância, após um acidente durante uma brincadeira: um garoto acertou uma pedra (ou talvez uma garrafa) em seu olho.

Diante das restrições no Brasil, a solução foi cruzar o país de trem até Sanga Puitã, no Paraguai, que não impunha barreiras às características físicas ou mentais dos imigrantes. Foi assim que minha mãe, sua família e sua história chegaram ao outro lado do mundo, carregando consigo cicatrizes do passado e a incerteza do futuro.

Desembarcaram no porto de Santos após dois longos meses de viagem. Estavam exaustos, confusos e desorientados, sem entender a língua, com as pernas bambas, desacostumados à terra firme. Mal tinham tempo para assimilar o impacto da chegada quando foram encaminhados à linha férrea da RFFSA (Rede Ferroviária Federal Sociedade Anônima), onde embarcariam em mais uma etapa da jornada – agora por terra –, rumo a Ponta Porã.

O trajeto foi longo e desconfortável. Passaram possivelmente por Bauru e, quando chegaram a Campo Grande, foram surpreendidos por uma recepção inesperada. Os *uchinanchus* (okinawanos) da colônia local os aguardavam com toalhas quentes e úmidas para que pudessem limpar o rosto e as mãos. Ofereceram-lhes água fresca, chá verde, *manjūs*, *shirogohan*, *okazu* e outras iguarias japonesas, doces e salgadas. Depois de semanas de incerteza, cansaço e desilusão, aquele momento foi como um verdadeiro oásis no meio do deserto.

Curiosamente, no Japão, *uchinanchus* e *naichi* (japoneses das quatro ilhas principais) tinham uma relação historicamente tensa. Os okinawanos haviam sido escravizados pelos japoneses em uma fase sombria da história. Foi nesse contexto que surgiu o karatê, conhecido como a luta das mãos vazias, já que os okinawanos eram proibidos de portar armas. O *nunchaku*, por exemplo, foi adaptado a partir de um simples batedor de feijão usado na lavoura.

No entanto, naquele breve momento em 1958, essas diferenças foram deixadas de lado. Pela primeira vez, *uchinanchus* e *naichi* confraternizaram e se solidarizaram, reconhecendo-se como iguais em uma terra distante e estranha. Minha mãe nunca se esqueceu desse gesto de bondade e gentileza.

Eles chegaram ao Brasil e foram trabalhar em uma plantation de café pertencente a um "americano". Para garantir o sustento da família e otimizar o uso da terra, os japoneses adotaram a prática da policultura, cultivando feijão, milho, tubérculos, hortaliças e outros vegetais no amplo espaço entre as fileiras de café. Vindos de um país pequeno, onde até 80% do território era montanhoso e impróprio para a agricultura, eles não suportavam a ideia de desperdício (*Motainai!*) – fosse de terra, de tempo ou de recursos.

Certa vez, conta-se que o proprietário americano, ao visitar a vasta plantação de café, se enfureceu ao ver a "mini policultura" cultivada pelos trabalhadores nipônicos. Ordenou ao tradutor:

— "Arranquem tudo!"

Ao ouvir a tradução para o japonês, minha mãe reagiu instantaneamente. Pulou na frente do proprietário, empunhando um machete, e bradou:

— "Para cada pé de feijão meu que você arrancar, eu arranco três pés de café seus!"

Seguiu-se um silêncio ensurdecedor. O americano hesitou. No fim, resolveu "deixar por menos" e permitiu que os japoneses mantivessem suas hortas.

Quase quatro décadas depois, em Campo Grande, encontrei um senhor japonês que havia conhecido minha mãe naquela época. Ele era dono de um restaurante de comida japonesa e, ao descobrir meu parentesco, exclamou, arregalando os olhos:

— "Você é filha da Kimiko Harada? Nossa! Ela era muito brava! Parecia um homem! Todos nós tínhamos muito medo dela!" – exagerou.

Lembrei-me da história que ouvira na infância. Não creio que o americano tenha sentido medo – ele estava em uma posição de poder. Talvez tenha respeitado a combatividade e a coragem dela. Talvez tenha se apiedado. Talvez tenha simplesmente tido preguiça de reagir com violência. Ou, quem sabe, tenha se lembrado de seus próprios bisavós e avós, que um dia também foram estrangeiros lutando contra dificuldades semelhantes em uma terra hostil.

E, no fim das contas, talvez ele nem fosse americano. Naquela época, desde 1925, os ingleses é que estavam expandindo sua influência sobre a região por meio da Companhia de Terras do Norte do Paraná, estabelecida para plantar café a partir de Londrina – a "Pequena Londres". Eles viam potencial no solo fértil e no clima da região sul do então Mato Grosso e do leste do Paraguai, que eram semelhantes aos do norte do Paraná. O processo de loteamento de terras atraiu, em sua maioria, imigrantes alemães, italianos, japoneses, europeus do leste e sírio-libaneses.

O primeiro casamento da minha mãe foi por *omiai* – um casamento arranjado à moda tradicional japonesa, antes da americanização cultural. Naquela época, essas uniões eram organizadas para conveniência mútua das famílias envolvidas, tanto entre nobres, aristocratas, quanto entre plebeus. O casamento ocorreu dentro da comunidade japonesa no Paraguai, onde ela e sua família se estabeleceram após imigrarem do Japão.

Seu marido era um ex-piloto da Força Aérea Imperial Japonesa. Durante a guerra, ele havia recebido treinamento para cumprir seu destino como um kamikaze, lançando seu avião contra um porta-aviões americano no Pacífico. Ele teria feito isso com total senso de dever e satisfação, em honra e glória aos seus antepassados, seguindo o rígido doutrinamento militar japonês.

Mas, para sua infelicidade, o Japão capitulou seis meses antes do necessário para que ele pudesse cumprir sua tão ambicionada missão.

Pelo que ouvi desde criança e pelo que conjecturei ao longo dos anos, imagino que ele tenha se sentido duplamente humilhado: por um lado, testemunhou a derrota de sua pátria, sua terra natal; por outro, deve ter considerado, como todo bom japonês da época, que fracassara pessoalmente.

Não ter tido a oportunidade de morrer pelo imperador – que, na época, era venerado no Japão como uma divindade – fez com que ele se sentisse como se tivesse quebrado uma linhagem de lealdade ininterrupta. Minha mãe contava que doze gerações da família dele haviam servido ao Imperador, pertencendo à

Guarda Imperial. Seu senso de honra me lembrava o do tenente Onoda.

Talvez ele se visse como um *rōnin* – literalmente, um "homem onda" ou "homem flutuante" –, um samurai errante que falhou em cumprir seu dever para com o clã e, por isso, desonrou seus ancestrais. Estava emocionalmente preso aos valores tradicionais dos séculos anteriores, a um Japão que não existia mais.

Gostaria de fazer uma observação histórica neste ponto sobre o significado do termo *Kamikaze*, que, no Ocidente, muitos acreditam significar "Deuses do Vento" (*kami* = deus; *kaze* = vento). No entanto, essa interpretação não é precisa.

No Japão, somente o imperador poderia ser deificado, pois era considerado descendente direto dos deuses. Nenhum outro mortal poderia receber esse status, nem mesmo os pilotos *Kamikaze*, embora fossem altamente respeitados na época. Atualmente, nem mesmo o imperador é visto como divino; ele é considerado um simples cidadão, um funcionário público a serviço da nação.

Além disso, a origem do termo *Kamikaze* se deu pela aglutinação de dois termos. Originalmente, a expressão correta era "*Kami no Kaze*", que significa "Vento Divino". A partícula no tem a função possessiva, semelhante ao uso do apóstrofo seguido da letra "s" no inglês (*God's Wind*).

A expressão surgiu no século XIII, quando o Japão enfrentou duas tentativas de invasão pelo Império Mongol, que já dominava quase toda a Ásia. Em 1274 e 1281, a poderosa esquadra naval de Kublai Khan, neto do lendário Genghis Khan, estava prestes a tomar o pequeno e fragilizado arquipélago nipônico. No entanto, em ambas as ocasiões, a frota mongol foi completamente destruída por um imenso e violento tufão antes de conseguir desembarcar.

O evento teve proporções épicas: os navios remanescentes, gravemente avariados, foram obrigados a bater em retirada, sem condições de combate. Os japoneses, inicialmente incrédulos com a cena improvável, passaram a acreditar que haviam sido protegidos pelos deuses. Quando o mesmo fenômeno se repetiu em 1281, a convicção de que forças divinas estavam ao lado do Japão se fortaleceu ainda mais.

Essa crença ressurgiu séculos depois, em 1904, quando os japoneses surpreenderam o mundo ao derrotar o Império Russo na disputa pelas ilhas Sacalinas. Na realidade, a Rússia já estava em decadência e rumava para a Revolução Comunista que eclodiria pouco mais de uma década depois. Ainda assim, a vitória japonesa alimentou os delírios expansionistas dos militares, que culminaram na invasão da Península Coreana (1910) e, em seguida, da Manchúria.

Na Primeira e Segunda Guerras Mundiais, o Japão se consolidou como uma grande potência geopolítica mundial. Mas, quando a maré mudou e, após o ataque bem-sucedido a Pearl Harbor, o Japão se viu em risco de colapso no final de 1943, surgiu a ideia de que o *"Kami no Kaze"* deveria agir novamente – mas, desta vez, sem depender das forças da natureza ou do acaso.

Assim nasceram os ataques suicidas Kamikaze, conduzidos principalmente a partir de 1944. Embora não tenham sido um fator decisivo no desfecho da guerra, esses ataques, assim como os dos *Kaiten* (homens-torpedo), chocaram o mundo pelo alto custo humano e pela disposição extrema ao autossacrifício.

No total, os *Kamikaze* mataram cerca de 7.000 marinheiros americanos.

Com o tempo, os Kamikaze se perpetuaram no imaginário popular e, na cultura pop, passaram a simbolizar um comportamento suicida impulsivo e imprevisível, representando aqueles que, diante de uma situação dramática, já não têm mais nada a perder.

Um livro publicado há 19 anos por um japonólogo americano – *"Blossom in the Wind: Human Legacies of the Kamikaze"* (Desabrochando ao Vento: O Legado Humano dos Kamikazes, em uma tradução livre) – chamou minha atenção. O autor, Mordecai Sheftall, professor universitário que vive no Japão há 37 anos, entrevistou os poucos remanescentes ainda vivos dos esquadrões Kamikaze. Assim como o primeiro marido da minha mãe, esses homens não conseguiram completar suas missões e, por isso, sobreviveram ao conflito.

Li em uma sinopse que, apesar de terem sido severamente doutrinados pelo regime imperialista japonês, os ex-pilotos entrevistados pelo autor pareciam mentalmente estáveis e relativamente bem adaptados à vida no Japão moderno. Pelo menos haviam atingido uma certa longevidade, gozando de boa saúde.

Achei o título do livro bastante poético. O autor pode ter se inspirado na expressão *"desabrochar da cerejeira"* (*cherry blossom*), um símbolo profundamente enraizado na cultura japonesa. A flor de cerejeira representa, ao mesmo tempo, vida e morte – beleza e transitoriedade. Com a chegada da primavera, seu desabrochar traz consigo um senso de força e vitalidade, mas sua curta duração e fragilidade nos lembram da efemeridade da existência.

No Ocidente, há um conceito semelhante em latim: *"Memento Mori"* (lembre-se de que você é mortal). Essa ideia era frequentemente representada por objetos do cotidiano, servindo como um lembrete constante da inevitabilidade da morte. No entanto, há também a expressão *"Memento Vivere"* (lembre-se de viver), que se alinha ao conhecido *"Carpe Diem"* (aproveite o dia – *seize the day*), incentivando as pessoas a valorizarem cada momento.

Após a Segunda Guerra Mundial, o Japão passou por um profundo processo de intervenção político-econômica, comandado pelo General Douglas MacArthur. Esse período, conhecido como Macartização, teve como um de seus principais objetivos evitar um banho de sangue nacional.

Nos momentos finais da guerra, os militares japoneses instruíram a população a resistir até o último homem, independentemente de ser soldado ou civil – homens, mulheres, idosos e crianças deveriam lutar até a morte. *Katanás* de bambu foram distribuídas entre a população civil, acompanhadas de instruções básicas de uso.

Movidos por um intenso fervor patriótico e pela doutrinação recebida, muitos japoneses escolheram o suicídio ritual (*seppuku* – incluindo o ato final: *harakiri*) para evitar a rendição. Esse fenômeno não se limitou aos militares. Muitos civis também tiraram suas próprias vidas e, em alguns casos, chefes de família mais conservadores e tradicionalistas mataram suas esposas e filhos antes de cometerem suicídio.

A resistência final dos japoneses ao domínio americano lembra, em muitos aspectos, o que aconteceu na fortaleza judaica de Massada, em 73 d.C. Antes da invasão romana, cada pai de família foi encarregado de matar seus filhos e esposas antes de cometer suicídio, para evitar que fossem levados como cativos. Até hoje, Massada e sua história fazem parte do patrimônio cultural do povo de Israel. No entanto, esse episódio continua sendo polêmico e controverso: alguns o consideram um ato heroico e digno de reverência, um exemplo de suicídio/homicídio altruísta e patriótico; outros veem como um caso de extremismo e inflexibilidade mental, marcado por uma visão radical da honra.

Como dito anteriormente, a intervenção americana no Japão tinha, em um primeiro momento, o objetivo de evitar uma carnificina – já que a população civil havia sido doutrinada a lutar até o fim. No entanto, em um segundo momento, a presença dos EUA também visava a reconstrução do país e a contenção do avanço comunista na Ásia.

Desde o final da Segunda Guerra Mundial, os Estados Unidos já previam que, com a ascensão da União Soviética e a instabilidade política em diversos países asiáticos, haveria uma expansão global do comunismo. Esse temor se confirmou nas décadas de 1950 e 1960, com a divisão da Coreia e a Guerra do Vietnã. Manter o Japão como uma base de apoio militar e um aliado político tornou-se essencial para a estratégia americana no Extremo Oriente.

As Bombas Atômicas e a Contenção Soviética

Existe uma teoria não oficial que sugere que as bombas atômicas lançadas sobre Hiroshima e Nagasaki não foram apenas um meio de forçar a rendição do Japão, mas também uma estratégia para conter a União Soviética.

Na época, as tropas soviéticas já haviam reconquistado as Ilhas Sacalinas, território que a Rússia czarista havia perdido para o Japão na Guerra Russo-Japonesa de 1905. Além disso, os soviéticos já estavam avançando para as ilhas Curilas, em direção ao território japonês. Se as tropas de Stalin chegassem a Tóquio antes dos americanos, poderiam forçar a rendição do imperador sob influência soviética – o que significaria um Japão comunista.

Ou seja, nesse contexto, as duas bombas atômicas lançadas pelos EUA podem ter sido uma medida extrema para garantir que os soviéticos não tivessem tempo de intervir por terra e tomar o controle do Japão. Na época, os americanos falavam com veemência em estender o "cordão sanitário" para impedir a expansão da "cortina vermelha" sobre a Ásia.

A REVOLTA CONTRA A "AMERICANIZAÇÃO"

Para muitos japoneses – intelectuais, artistas, alguns militares e cidadãos comuns –, ver o país agora guiado e comandado por aqueles que ordenaram sua destruição, incluindo os ataques atômicos a civis, era algo revoltante.

Tão chocante quanto isso, para os mais conservadores, era o processo acelerado de "americanização" do Japão. Esse fenômeno começou com um *baby boom* de crianças mestiças, filhas de soldados americanos com mulheres japonesas – algo que muitos viam como uma ameaça à "pureza da raça". Vale lembrar que, na época, o Japão compartilhava princípios eugenistas semelhantes aos dos nazistas, defendendo a preservação da identidade racial japonesa.

Entretanto, para os ultranacionalistas, a maior afronta não foi apenas a influência cultural ocidental, mas a Constituição da Paz de 1947, imposta pelos Aliados. Seu artigo 9 estabelecia que:

"O povo japonês renuncia para sempre ao uso da guerra como direito soberano da nação, assim como à ameaça ou ao uso da força como meio de resolver disputas internacionais."

Para um país cuja identidade nacional estava profundamente ligada ao militarismo e à tradição samurai, essa imposição foi vista como um golpe à honra e à soberania do Japão.

A ocupação americana do Japão foi um período de profundas transformações e gerou sentimentos contraditórios na população. Enquanto parte dos japoneses via a reconstrução como um renascimento do país, outros a enxergavam como uma humilhação imposta pelo inimigo.

Esse embate ideológico ainda ressoa na sociedade japonesa moderna, onde a influência ocidental é inegável, mas o orgulho pelas tradições e a identidade nacional permanecem fortes.

Segundo Henry Scott Stokes, no livro A Vida e a Morte de Mishima, ainda em 1970, as reverberações dessa revolta contra a americanização do Japão eram evidentes. No dia 25 de novembro, Yukio Mishima – ator, diretor, cineasta, escritor e contista – cometeu Seppuku (ritual de Harakiri) no auge de sua carreira, aos 45 anos.

Considerado "o Thomas Mann do Japão" ou "o Proust do Oriente", Mishima era cotado para o Prêmio Nobel de Literatura. No final dos anos 1960, formou um pequeno exército de jovens conservadores com o objetivo de resgatar os antigos valores nacionalistas tradicionais e combater o que via como um Japão submisso ao imperialismo americano, ao consumismo e ao materialismo ocidental.

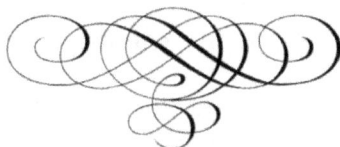

O ÚLTIMO ATO DE MISHIMA

No fatídico dia, ele e seus seguidores invadiram um Quartel-General, munidos apenas de uma *kataná* e um sabre, e tomaram um general como refém. Seu objetivo era fazer com que os mil soldados presentes se juntassem ao movimento e exigissem a restauração do Japão tradicional, com um imperador forte e soberano.

Mishima acreditava que, desde a americanização cultural, o Japão havia perdido sua essência espiritual e que o imperador se tornara um títere do imperialismo americano.

No entanto, quando discursou aos militares para convencê-los a aderir ao movimento, foi vaiado e ridicularizado. Diante do fracasso de sua tentativa de incitar uma revolta, tomou a única decisão que fazia sentido dentro de seu código de honra.

Gritando *"Tennō Heika, Banzai!"* (Viva o Imperador!), ele afundou um yoroidoshi (punhal pontiagudo) em seu ventre e realizou o corte horizontal – seguido pelo corte vertical em forma de cruz, conforme o ritual.

Seus discípulos, visivelmente nervosos, tentaram concluir rapidamente o Seppuku, cortando sua cabeça para minimizar sua agonia. Morita, seu amigo íntimo, tentou duas vezes, mas falhou. Então, Furukoga tomou o sabre e, com um único golpe, decapitou Mishima. Em seguida, decapitou também Morita, cumprindo a tradição de honra e lealdade ritual.

O IMPACTO E AS CONTRADIÇÕES DE MISHIMA

O suicídio de Mishima chocou o Japão, pois era incomum que uma revolta desse tipo viesse da direita conservadora – uma postura que tradicionalmente incomodava mais à esquerda. Mishima era um homem extremamente controverso, com um psiquismo complexo e denso, segundo quase todos os seus biógrafos. Ele defendia um Japão tradicional, feudal e conservador, onde "a lealdade estava oculta nas vísceras e precisava ser exposta vez por outra", segundo sua própria filosofia.

Por outro lado, era fluente em inglês, vestia-se à moda ocidental e cultivava uma estética narcisista, valorizando a beleza física e a força. Era assumidamente homossexual, um traço que contrastava com o modelo de masculinidade austero dos samurais que ele tanto idolatrava. Para Mishima, a morte no auge da vitalidade era o ápice da existência – e ele a buscou deliberadamente.

Foi chamado de louco, narcisista, egocêntrico e até fanático, mas ninguém jamais negou sua genialidade literária e artística. Seu legado permanece vivo e suas obras merecem ser conhecidas e estudadas no Ocidente, pois refletem não apenas o espírito de sua época, mas também os dilemas e contradições do Japão moderno. (Fonte: jornalopcao.com.br – Euler de França Belém)

Soube, ainda na adolescência, da trajetória de Yukio Mishima através da minha mãe. Mesmo vivendo distante, ela nunca deixou de acompanhar os acontecimentos mais importantes do Japão – o que era notável, considerando as dificuldades para a difusão de notícias na época. Acredito que obtinha essas informações por meio de jornais impressos em japonês, comprados no Bairro da Liberdade, em São Paulo, que, depois de semanas ou até meses, chegavam ao interior do Brasil.

Minha mãe não era muito de se socializar; raramente saía de casa. No entanto, tinha algumas poucas amigas na comunidade japonesa de Dourados. Nas poucas reuniões que presenciei, percebia seu comportamento sempre polido. Sentava-se com porte elegante, segurava a *chawan* (chávena) de *otchá* (chá verde) de maneira quase aristocrática e falava de forma articulada, demonstrando um conhecimento apurado. Ao preparar uma refeição – fosse japonesa ou não –, prezava sempre pela harmonia, beleza e equilíbrio da apresentação. Nem parecia a camponesa que, com o tempo, se tornara comerciante.

Recentemente, comecei a acreditar que ela possuía um hiperfoco em conhecimento, especialmente em história, psicologia, comportamento e saúde mental.

O PRIMEIRO MARIDO DA MINHA MÃE E A INFLUÊNCIA DO JAPÃO PÓS-GUERRA

A revolta com as condições do Japão no pós-Guerra provavelmente influenciou a decisão do primeiro marido da minha mãe de imigrar para o Paraguai. Ele era um ex-piloto da Força Aérea Imperial Japonesa, treinado para morrer como Kamikaze. No entanto, a guerra terminou antes que pudesse cumprir sua missão.

Para ele, continuar vivendo em um Japão subjugado pelos americanos, que ele tanto aprendera a odiar, era intolerável. Seu pai, aparentemente, sugeriu que ele emigrasse para os Estados Unidos – algo que estava completamente fora de cogitação para ele. Havia rumores de que ele cogitara se juntar à *Yakuzá*, já que era a única organização japonesa a se manter fiel, digamos, à sua "missão institucional". Estavam trabalhando com os americanos, mas se mantinham fiéis as suas tradições, usos e costumes. Logicamente, deixá-lo se juntar à máfia estava completamente fora de cogitação para o pai dele. Então, a única alternativa plausível, e de comum acordo, foi a América do Sul.

Aqui, como já disse, foi apresentado à minha mãe por meio de um Omiai (casamento arranjado dentro da colônia japonesa por um agente matrimonial). Tiveram três filhos, meus três irmãos mais velhos.

A LUTA CONTRA A DOENÇA CARDÍACA E A MORTE PREMATURA

Após alguns anos, ele desenvolveu sintomas de uma doença cardíaca que levou à cardiomegalia – possivelmente decorrente de uma doença valvar, que descompensou na vida adulta. Seu quadro piorou, e ele precisou passar por uma cirurgia cardíaca em Assunção, no Paraguai.

Mais tarde, para que ele pudesse receber tratamento no InCor (Instituto do Coração), em São Paulo, minha mãe fez todos os esforços para obter vistos e entrar no Brasil. Para isso, precisaram se mudar para Bela Vista, que centralizava as atividades alfandegárias na região na época.

Durante a internação no InCor, minha mãe trabalhava na cozinha do hospital para se manter. À noite, dormia no chão, aos pés da cama dele, pois não tinha condições financeiras para pagar uma hospedaria.

Após a primeira cirurgia, no Paraguai, ele frequentemente tinha episódios de síndrome confusional aguda (*delirium*), possivelmente devido à baixa perfusão sanguínea cerebral. Em meio a esses episódios, ele fugia e desaparecia pelos matagais de Bela Vista, obrigando a família a sair em sua busca.

Nos momentos de lucidez, tinha plena consciência da gravidade de seu estado. Ele se via como um fardo pesado e inútil para a esposa e os três filhos pequenos. Sua angústia era tamanha que, pouco antes de morrer, chegou a propor ao filho caçula – meu irmão mais velho, que na época tinha cerca de seis anos – que o deixasse matá-lo e, em seguida, cometeria suicídio. Na cabeça dele, dessa forma, ambos poupariam minha mãe e as duas filhas das dificuldades da pobreza. Nessa época, minha irmã mais velha tinha 10 anos de idade e a do meio tinha 08 anos. Apesar da pouca idade, meu irmão entendeu tudo. Imagino o impacto que essa conversa teve sobre ele.

Após a cirurgia no InCor, apesar no resultado inicialmente favorável, ele veio a falecer de complicações nos dias seguintes. Sem recursos, minha mãe precisou enterrá-lo em São Paulo mesmo. Apenas muitos anos depois, sua ossada pôde ser transferida para Dourados.

A PSICONEUROIMUNOENDOCRINOLOGIA E O DESTINO DETERMINADO PELA MENTALIDADE (*MINDSET*)

Ele não conseguiu concluir a missão a que se propôs; também não se suicidou, mas morreu muito jovem.

Hoje, acredito que a Psiconeuroimunoendocrinologia poderia explicar como condicionamentos mentais profundamente arraigados (*mindsets* firmemente implantados) podem determinar destinos inconscientemente. De certa forma, a Psicossomática já tentava demonstrar isso no século passado.

O eixo hipotálamo-hipófise-adrenal parece estar no epicentro desse sistema, conectando os sistemas emocional, imunológico, neuroendócrino e cardiovascular; orquestrando adoecimento físico, com base na predisposição genética da pessoa.

Ao contrário dos ex-*Kamikazes* entrevistados no livro "Blossom in the Wind", que conseguiram encontrar alguma forma de adaptação no Japão moderno, ele nunca se conformou com seu destino.

Ele não conseguiu permanecer no Japão derrotado; assistindo à americanização do país.

Não conseguiu seguir em frente. Não conseguiu continuar vivendo por muito tempo. Para ele, a única saída foi se retirar de cena mais cedo.

A história do primeiro marido da minha mãe é um reflexo do conflito interno vivido por muitos japoneses no pós-Guerra. Enquanto alguns encontraram maneiras de se adaptar, outros não suportaram a perda dos valores que moldaram sua identidade.

Ele, como tantos outros, foi treinado para morrer pela pátria. Quando isso não aconteceu, restou a ele apenas a vergonha e a humilhação.

Talvez, no fundo, ele nunca tenha deixado de ser um *Kamikaze* – apenas esperou mais alguns anos para partir.

Nunca consegui compreender totalmente o fascínio que os japoneses têm pelo suicídio e pela "morte honrosa". Claro que esse tema sempre permeou meu imaginário e minhas fantasias desde a infância, mas ainda me intriga a forma como está tão profundamente enraizado na cultura japonesa.

O escritor Andrew Solomon, em seu livro "O Demônio do Meio-Dia", aborda a depressão em suas diferentes formas de manifestação. Ele também discorre sobre o suicídio, explorando suas múltiplas causas e motivações, sejam elas depressivas ou não, e enfatiza o impacto das influências culturais.

Ele menciona um fenômeno paradoxal: há sociedades que passaram por grandes traumas psicoambientais – guerras civis, massacres, estupros, fome e privações extremas – mas que apresentam baixíssimos índices de suicídio. Por outro lado, há países com altíssimo Índice de Desenvolvimento Humano (IDH), segurança e qualidade de vida, mas que registram taxas elevadas de suicídio.

Os Inuítes e a Hipótese Genética do Suicídio

Solomon estudou detalhadamente os inuítes (esquimós), um povo com fortes traços mongólicos, possivelmente descendente do mesmo grupo genético que deu origem aos japoneses e aos povos indígenas das Américas. Talvez não seja mera coincidência que esses três povos estejam entre os mais propensos ao suicídio.

Há estudos antropológicos que sugerem que os primeiros indígenas americanos descendem do mesmo grupo étnico que habitou Hokkaido, no Japão. Teriam navegado pelo Pacífico há milhares de anos, muito antes do grupo que teria cruzado o Estreito de Bering, há mais de 15 mil anos, quando ainda estava congelado.

No caso dos inuítes, Solomon destaca que, em sua cultura tradicional, era comum que um indivíduo passasse por inúmeras experiências de quase morte (EQM) ao longo da vida. Quando sobreviviam, muitas vezes ficavam mutilados ou gravemente debilitados, mas jamais pediam ajuda a parentes ou vizinhos.

Na verdade, era culturalmente inaceitável oferecer ajuda a um inuíte ferido ou à sua viúva – essa oferta era vista como uma ofensa grave. O ideal de estoicismo, orgulho e honra fazia com que a dependência de terceiros fosse considerada pior do que a própria morte.

Atualmente, vivendo em projetos sociais superlotados e dependendo de assistência governamental, os inuítes enfrentam altíssimos índices de depressão, abuso de substâncias (especialmente álcool) e suicídio. Para Solomon, esse quadro reforça a tese de que há um potencial genético para o suicídio, que pode ser modulado pela cultura e ativado por gatilhos ambientais.

O SUICÍDIO COMO FENÔMENO MULTIFATORIAL

Segundo essa visão, o suicídio pode ser resultado da interação entre biologia, cultura e ambiente. Pequenos gatilhos ambientais – que variam de acordo com a biografia da pessoa, a cultura em que está inserida, seu gênero e outros fatores aparentemente sutis e imprevisíveis – podem ativar essa predisposição latente.

Entre esses possíveis gatilhos estariam:

- Traumatismo cranioencefálico (TCE)
- Encefalites nos primeiros três anos de vida
- Demência pré-frontal
- Abuso de psicoestimulantes
- Condições que diminuem o autocontrole sobre a impulsividade

MISHIMA: UMA COMPLEXIDADE PATOBIOGRÁFICA

Voltando a Yukio Mishima, além do forte componente cultural e do contexto histórico, é possível que ele tivesse algum fator patobiográfico que ajudasse a compreender seu comportamento excêntrico.

Talvez uma lesão cerebral mínima, um hiperfoco ou um traço neurológico incomum tenham influenciado sua obsessão com a morte e a estética do sacrifício.

Podemos traçar um paralelo com Vincent Van Gogh, cuja genialidade foi acompanhada por um transtorno bipolar e epilepsia do lobo temporal – ambos relacionados à hiperfixação em questões metafísico-existenciais. Além disso, Van Gogh teria sofrido lesões neurológicas causadas pelo abuso de álcool, absinto e possivelmente até aguarrás. Há suspeitas de que ele ingeria tinta a óleo e inalava cânfora.

A história de Mishima, assim como a de muitos outros artistas e intelectuais que encontraram no suicídio uma "saída", levanta questões profundas sobre a relação entre cultura, genética e sofrimento psíquico.

Até que ponto o determinismo biológico influencia a tomada de decisões extremas?

E qual o papel da cultura na construção dessas narrativas de sacrifício e honra?

No caso de Mishima, talvez sua trajetória tenha sido inevitável dentro de sua própria concepção de vida – um destino que ele escolheu, mas que também, de certa forma, já estava traçado para ele.

Após a viuvez, minha mãe permaneceu no Brasil, onde as condições de vida eram mais favoráveis do que no Paraguai. Isso ocorreu por volta do final dos anos 1960.

Ela se tornou dona de um pequeno comércio varejista, onde trabalhavam minhas duas irmãs mais velhas, ainda crianças, e a madrasta da minha mãe, a quem todos aprendemos a chamar de Batyan (vózinha).

Enquanto isso, minha mãe percorreu um caminho árduo para sustentar a família. Ela vendia verduras, legumes e leguminosas pela cidade, de porta em porta, pedalando por Bela Vista em uma bicicleta cargueira.

Pouco importava se o sol escaldava no verão ou se o frio do inverno castigava com suas chuvas – lá estava a incansável japonesa, empurrando sua bicicleta e oferecendo sua mercadoria em uma mistura peculiar de espanhol, português e japonês. Suas frases mais comuns eram uma fusão desses idiomas:

— "Oburigado!" (que mais parecia uma mistura de "obrigado" em português com "arigatō" em japonês)

— "Hasta luego!" (versão dela para "até logo" em espanhol)

Todas as manhãs, bem cedo, ela saía com 60 kg de produtos frescos, prontos para serem revendidos na cidade. Mas havia um detalhe interessante: as pessoas de Bela Vista, na época, sequer tinham o hábito de comer verduras e legumes. A alimentação básica era carne bovina e mandioca (aipim).

Ainda assim, minha mãe não se deixou abater. Com sua determinação inabalável, aos poucos, foi introduzindo esses alimentos na cultura local.

A ROTINA DE TRABALHO E A CENA SURREAL

Anos depois, quando me mudei para Campo Grande para cursar a faculdade, passei a ter mais contato com minha tia Graça, irmã caçula do meu pai. Foi então que descobri mais detalhes sobre minhas origens e ancestralidade – algumas histórias fantásticas, outras engraçadas.

Uma das mais curiosas envolvia o horário das entregas de verduras na cidade.

O caminhão que trazia os produtos de Ponta Porã costumava chegar por volta do meio-dia, justo no auge da "siesta" – um costume herdado dos romanos, em que as pessoas descansavam após o almoço, por volta da sexta hora do dia (que para os romanos, era o meio-dia; já que o dia começava às 6h). No mundo hispânico, essa pausa era sagrada.

Nessa época, minha família – composta por minha mãe, Dityan (vôzinho), Batyan e meus irmãos – era praticamente a única família japonesa na cidade e arredores, o que por si só já chamava atenção.

Mas, segundo minha tia, o verdadeiro espetáculo acontecia quando minha mãe descarregava vigorosamente o caminhão de verduras e legumes no meio da "siesta".

A cena era tão inusitada que algumas pessoas interrompiam seu descanso para ver com os próprios olhos aquela mulher franzina, mas incansável, trabalhando de forma inclemente enquanto o restante da cidade mergulhava na sonolência pós-almoço.

O choque cultural era evidente – enquanto os moradores de Bela Vista repousavam sob o calor da tarde, minha mãe movimentava sacos de vegetais com a energia de quem carregava o próprio destino nas costas.

A história da minha mãe é um testemunho de resiliência, disciplina e superação.

Para ela, não havia hora certa ou errada para o trabalho – havia apenas o dever de prover. E, sem que percebesse, sua presença não apenas alimentava famílias, mas também quebrava paradigmas culturais, tornando-se uma figura icônica naquela pequena cidade de fronteira.

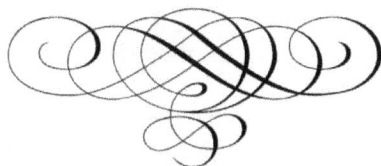

A MERCEARIA E AS HISTÓRIAS QUE PASSAVAM PELO BALCÃO

Além das inúmeras histórias que ouvi ao longo dos anos, há também as que presenciei. A partir do início dos anos 1980, já em Dourados, onde cresci, pude observar o mundo a partir de um lugar peculiar: o balcão da mercearia dos meus pais.

Eles eram donos de um pequeno comércio de "secos e molhados", como se chamava na época – nome que, curiosamente, também inspirou a primeira banda de Ney Matogrosso.

Atrás daquele balcão, vendo meus pais atenderem – e atendendo também – aprendi muito sobre as pessoas. Ao longo dos anos, vi passar todo tipo de gente:

- Alguns eram amigáveis, sorridentes e transparentes.
- Outros, reservados, desconfiados, distantes.
- Havia aqueles que eu, ainda criança, imaginava como seriam apenas pelo que falavam e pelo que consumiam.

Comecei a perceber, desde cedo, que cada pessoa é um universo à parte. Pensam, sentem, agem e reagem de maneiras únicas. Esse mundo de peculiaridades humanas sempre me empolgou – mas também me alertou sobre os perigos invisíveis.

Os "Viajantes", os Pedintes e os Bebedores

A mercearia também era um ponto de encontro e de passagem. Além dos clientes habituais, ali apareciam:

57

- Vendedores atacadistas (os "viajantes"), versões modernas dos antigos caixeiros-viajantes, que vinham recolher pedidos com antecedência.
- Pedintes dos mais variados tipos: os corriqueiros, que já conhecíamos, e os eventuais, muitas vezes trazendo histórias bizarras e surpreendentes.

Lembro-me de um episódio marcante:

Certa noite, apareceu um rapaz jovem, branco e forte, com a pele crestada de sol. Com um olhar desesperado, contou que havia fugido de uma fazenda de trabalho escravo. Estava faminto. Meus pais lhe deram um prato de comida, que ele devorou em minutos. Depois, sumiu na escuridão da noite.

Além desses, havia também os clientes fiéis do balcão da bebida:

- Homens que passavam após o expediente de trabalho, para uma cerveja ou uma dose de aguardente.
- Alguns ficavam melancólicos e lamuriosos.
- Outros, irritadiços e agressivos.

E cabia ao meu pai administrar tudo aquilo.

Ele, que já era uma espécie de terapeuta improvisado, ouvia as histórias dos clientes, ajudava-os a se recompor e a voltar para casa. Nessa época, não existia "lei seca", "cinto de segurança" ou "motorista da vez". Um cliente que bebesse um pouco mais passava por uma "avaliação clínica superficial" – e, se parecesse lúcido, era liberado para seguir seu caminho.

O Olhar Intimidador do Meu Pai

Meu pai era um homem dócil e gentil, mas sabia impor respeito.

Em raras ocasiões, eu o vi falar duro e firme com algum freguês mais exaltado ou malicioso. Quando isso acontecia, percebia algo diferente em seu olhar.

Era um olhar intimidador, faiscante.

Demorei anos para compreender o que aquilo significava. Só depois entendi: era o olhar de um epiléptico prestes a entrar em furor, segurando-se com todas as forças para não perder o controle.

Ele tinha um ritual para se conter:

- Justapunha as mãos ao longo do corpo.
- Abria ligeiramente a base das pernas, como fazia nos tempos de judô.
- Respirava fundo.
- Enquanto isso, mentalizava uma Ave Maria e um Pai Nosso.

A Arma Sob o Balcão

Para situações realmente extremas – que nunca chegaram a acontecer, mas para as quais ele se preparava – havia um último recurso: uma arma sob o balcão.

Descobri isso por acaso. Vi a arma uma única vez. Depois daquele dia, ele mudou-a de lugar.

Essa arma não era apenas um instrumento de defesa. Ela tinha história – havia pertencido ao meu avô, pai dele. Quando meu pai foi embora para o Japão, deu-a para meu tio Geraldo; seu irmão mais novo.

A mercearia não era apenas um ponto comercial – era um palco da vida real, onde se desenrolavam dramas, histórias e encontros improváveis.

Foi ali que comecei a entender a complexidade das pessoas, seus desafios, seus abismos, suas buscas por alívio – seja na bebida, na conversa ou no simples ato de sentir ouvido.

E foi ali, também, que comecei a perceber a força silenciosa do meu pai. Parecia um sacerdote; um homem que ouvia, conciliava e acalmava – mas que, se preciso fosse, sabia se impor como um verdadeiro guerreiro.

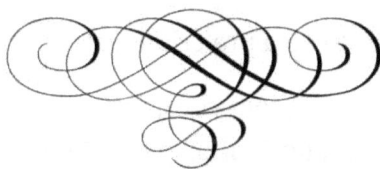

A NOITE DO ASSALTO E MEU OLHAR DE CRIANÇA

Numa daquelas noites, quando eu tinha uns sete para oito anos, fomos surpreendidos por uma vizinha que chegou à mercearia, aos prantos, gritando por socorro.

Ela havia flagrado um assaltante dentro de casa, assustou-se e ele a atacou com uma faca. Na tentativa de defender o rosto e tronco, elevou os braços; exibia cortes impressionantes nos braços. Estava ensanguentada, descabelada, com uma expressão que mesclava pavor e desespero.

Eu assistia a tudo, hipnotizada pelo caos. Mas, para minha frustração, meu pai chamou a polícia e me mandou para os fundos da casa.

— "Pra dentro!" — ordenou, firme.

Nem tentei protestar. Sabia que ele responderia com sua frase incontestável:

— "Isso não é coisa pra criança ver!"

Mesmo assim, aquela cena ficou gravada na minha memória. Talvez porque, no fundo, eu já tentasse compreender as reações humanas – suas emoções cruas, seus instintos e a forma como lidavam com o inesperado.

Os Dois Mundos Dentro da Minha Própria Família

Além do mundo que observava ao meu redor, havia o meu próprio mundo – formado pelos meus cinco irmãos.

- Três eram mais velhos, filhos do primeiro casamento da minha mãe.
- Eu era a primeira filha do segundo casamento dela.
- Depois de mim, vieram meus dois irmãos mais novos.

A diferença entre nós era notável.

Os três mais velhos eram japoneses puros, tanto na genética quanto no biotipo. Cresceram dentro das maiores adversidades que minha mãe enfrentou no início da vida.

Eu e meus irmãos mais novos éramos mestiços – nascidos de uma realidade diferente, mas ainda carregando as cicatrizes invisíveis da trajetória da nossa mãe.

Essa dualidade me fascinava. Desde cedo, percebi o impacto das origens e do ambiente na formação de cada um de nós.

MINHA BUSCA POR COMPREENDER AS PESSOAS

Enquanto tudo isso acontecia, eu estudava. Gostava especialmente da área de Ciências Humanas. Minhas matérias favoritas eram:

- História – os eventos e as narrativas que moldaram o mundo.
- Geografia – a relação entre os lugares e as pessoas.
- Língua Portuguesa e Literatura – e seus personagens esféricos e lineares, cada um carregando um universo próprio dentro de si.

Sem perceber, fui criando minha própria base de dados sobre a natureza humana. Tentava entender padrões, desenvolver um sistema intuitivo para classificar e compreender as pessoas.

A princípio, parecia impossível.

— "Cada pessoa é um universo único e exclusivo. É muito interessante – e muito difícil – entender pessoas, porque não há padrões!"

Foi apenas anos depois, durante minha residência em Psiquiatria, que entrei em contato com teorias estruturadas como:

- Teorias da Personalidade
- Teoria da Mente

Quando finalmente conheci esses conceitos, foi como se um "admirável (velho) mundo novo" se descortinasse diante de mim.

O ESPELHO EMOCIONAL COM MINHA MÃE

Além de tentar entender os outros, eu também tentava me entender.

Desde muito cedo, percebia que minhas próprias variações de humor estavam diretamente ligadas ao estado emocional da minha mãe.

Ela era uma mulher de temperamento forte, uma guerreira, uma sobrevivente. Mas também tinha momentos de delicadeza e doçura.

Tinha uma inclinação natural para psicologia, além de uma paixão pela biologia – sobretudo botânica e zoologia (com um fascínio especial por ornitologia).

Muitas vezes, eu me perguntava:

— "Quem minha mãe teria sido se tivesse nascido em outra época, sob outras circunstâncias?"

E essa pergunta, talvez, fosse apenas o reflexo de uma outra inquietação maior:

— "Quem eu sou, afinal, e como as circunstâncias me moldaram? Quem eu seria se tivesse nascido sob outras circunstâncias?"

Desde pequena, fui uma observadora da vida. Observava os grandes eventos, como o desespero de uma vizinha ensanguentada. Mas também observava as pessoas e seus microeventos; tentando entender suas histórias e emoções.

E, sem perceber, começava a me observar também – a traçar os contornos da minha própria identidade.

Minha busca por compreender os outros era, na verdade, uma busca por me compreender também. E, talvez, essa jornada nunca tenha fim.

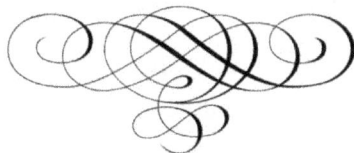

O CENTRO DA MINHA FORMAÇÃO

Seria impossível pensar em quem sou hoje – na minha vida, na minha personalidade, nas minhas virtudes e falhas – sem reconhecer a influência profunda da minha mãe, especialmente nos meus primeiros 20 anos de vida.

Isso não significa que meu pai não tenha sido importante. Ele teve um papel fundamental, mas, pelo menos, era emocionalmente mais constante e estável, apesar de todas as dificuldades.

Minha mãe, por outro lado, era o centro gravitacional da nossa casa. Ela era:

- A força de trabalho, que garantia a estabilidade financeira.
- A líder, que determinava o que e como as coisas seriam feitas.
- A energia que movia tudo – incansável, determinada, obstinada, intensa.

Mas, ao mesmo tempo, ela era imprevisível.

Tormenta e Tempestade

Minha mãe era um dínamo para o trabalho – não havia obstáculo que ela não enfrentasse. Mas, de repente, sem aviso, suas palavras podiam se tornar lâminas afiadas.

Ela era capaz de dizer coisas horríveis a qualquer um, dissolvendo instantaneamente qualquer clima festivo. Ela era tormenta e tempestade. Fazia "chover", fazia as coisas acontecerem. Mas, dependendo do dia, também podia destruir tudo em um rompante de fúria.

Minha mãe tinha uma presença poderosa e avassaladora. Sua personalidade moldou minha forma de ver o mundo, de reagir às dificuldades, de buscar meu próprio equilíbrio.

Conviver com ela era viver entre o fogo e a calmaria. Entre a criação e a destruição. E, de alguma forma, essa dicotomia se tornou parte de mim também.

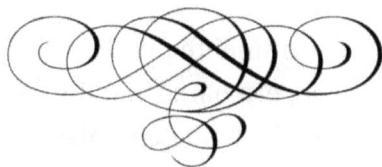

MEU PAI

ENTRE A CALMA E O FOGO INTERNO

Se minha mãe era tormenta e tempestade, meu pai era serenidade e contemplação – pelo menos na maior parte do tempo.

Ele tinha um ritmo próprio, muitas vezes lento e metódico a ponto de irritar. Mas, quando algo excedia seus limites, ele também tinha seus rompantes de fúria. Eu costumava dizer, que na infância, como a filha mais levada e travessa, eu apanhava da minha mãe no varejo; e do pai, no atacado. Minha mãe quando se irritava e era muito fácil isso acontecer, batia com o que tinha à mão ou com a mão: chinelo, pano de prato, cinto, tapas e palmadas. Batia e "tava" batido. Sem choro, nem vela.

Meu pai muito raramente era de punir com castigos físicos; mas quando o fazia, era para valer. Era uma surra épica. Só que algumas horas depois, vinha completamente arrependido, pedir desculpas. Eu me lembro de duas vezes: uma vez, em que eu me descuidei e meu irmão menor foi para rua e correu risco de ser atropelado. Noutra, eu não amornei a água do banho do meu irmão o suficiente e quase o queimei. Na primeira vez, estava distraída, brincando na calçada. Na segunda vez, deixei a água meio quente; querendo dar um "susto" no guri. Nas duas ocasiões, meu pai se enfureceu terrivelmente comigo. Vi seus olhos faiscarem. Era uma fúria diferente da fúria da minha mãe. Era ocasional, mas muito mais intensa.

UMA BONDADE QUASE INACREDITÁVEL

Havia algo em meu pai que beirava o sagrado. Ele era dotado de uma bondade, de um altruísmo e de uma generosidade quase difíceis de acreditar.

Preocupava-se excessivamente com o bem-estar dos outros – e isso incluía até animais e insetos. Por exemplo, minha mãe mandava-o matar uma barata; ele colocava a barata cuidadosamente num pedaço de jornal e a soltava no quintal: "deixa a envernizadinha viver, coitadinha".

Se alguém precisasse de ajuda, ele estava sempre disponível.

Tinha uma natureza compassiva e contemplativa. Desde cedo, imaginei que ele tivesse vocação natural para ser padre ou monge.

Passava horas:

- Orando e rezando.
- Lendo e refletindo.
- Comentando sobre o que havia lido – quase sempre sobre História da Segunda Guerra Mundial, Japão, Religião e Filosofia.

UMA REVELAÇÃO TARDIA: A EPILEPSIA E O HIPERFOCO

Foi apenas anos mais tarde, durante minha residência em Psiquiatria, que me deparei com um conceito que explicava muito sobre meu pai: Síndrome de Gastaut-Geschwind-Waxman.

De repente, tudo fez sentido.

Descobri que ele teve convulsões na infância, que só foram controladas com Luminaleta® (Fenobarbital 50mg) – um medicamento que, hoje, conhecemos mais como Gardenal®.

A partir disso, pude conectar diversos traços de sua personalidade:

- Hiperfoco em religião, história e cultura do Japão, Segunda Guerra Mundial e conhecimento geral.
- Hipergrafia – escrevia compulsivamente.
- Hipermnésia – lembrava de detalhes com precisão impressionante.
- Prolixidade e tangencialidade – falava longamente e às vezes se perdia em devaneios.
- Escrupulosidade – moral rígida e preocupação obsessiva com o certo e o errado.
- Emotividade.
- Tendência ao colecionismo (acumulador) – um traço que se agravou com a idade.
- Perseveração ideativa – repetia pensamentos e ideias.
- Impulsividade e episódios de irritabilidade – embora geralmente fosse pacífico, podia reagir de forma intensa quando provocado ao extremo.

Esse último traço, no entanto, foi fortemente atenuado pelo ambiente familiar onde cresceu – um lar religioso e acolhedor. Lembrava muito o Príncipe Míchkin, de Dostoiévsky. Lembrando que tanto o personagem quanto o escritor eram epilépticos.

Meu pai era um homem de contrastes. Tinha a calma de um monge, mas também um fogo interno difícil de conter.

Era um acumulador de objetos – livros, principalmente; esse traço piorou gradualmente com a idade. Mas sua mente estava sempre organizada em hiperfocos profundos. Se tivesse estudado além da 4ª série primária, poderia ter sido um professor, um escritor; enfim, um intelectual.

Tinha uma capacidade de amar imensurável, mas também se perdia em suas próprias tempestades internas. E, no fim, tudo isso fazia dele único, fascinante e profundamente humano.

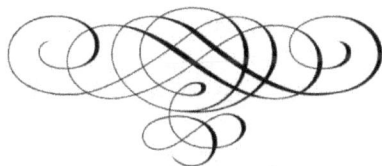

A FAMÍLIA

ENTRE A DISCIPLINA
E O SONHO

Minha mãe tinha uma convicção inabalável: Meu pai tinha nascido em uma família que um dia teve posses o tornara um sonhador, um nefelibata, alguém totalmente despreparado para a vida real, mas minha mãe estava determinada a não deixar isso acontecer conosco, seus filhos.

Na nossa casa, havia regras claras e inflexíveis:

- Ficar parado? Proibido.
- "Ficar de boa"? Jamais.
- Acordar tarde? Nem em sonho.

Nem aos sábados, domingos, feriados ou férias escolares havia folga.

Se não estivéssemos ocupados, éramos repreendidos. Minha mãe não admitia preguiça e, quando sua paciência se esgotava, seu discurso atingia nosso ponto mais sensível.

Ela nos lembrava constantemente da diferença entre a raça "superior" e a "inferior".

O alvo da comparação?

- Meu pai, brasileiro.
- Nós, os três filhos mestiços.

A PRESSÃO DA IDENTIDADE E O PRECONCEITO VELADO

Já na minha vida profissional, como psiquiatra, percebi que essa dinâmica se repetia em diversas famílias miscigenadas.

Além de japoneses, vi isso em descendentes de alemães, poloneses e até em algumas famílias italianas.

No fundo, isso me deu algum alívio. Não éramos uma aberração, um caso isolado.

Havia um padrão na maneira como as diferenças culturais e raciais se manifestavam dentro das famílias.

Muitos anos depois, conversando com minha irmã mais velha, descobri que nossa mãe aplicava uma versão mais branda desse mesmo discurso com eles – os filhos do primeiro casamento.

Como eles nasceram em tempos de maior penúria, a tática dela para incentivá-los era diferente e muito mais suave.

Ela dizia a eles que, por serem filhos de um homem de origem "nobre" e não-camponesa, eles não haviam aprendido a trabalhar pesado e a puxar enxada.

Seja qual fosse a estratégia, o objetivo era sempre o mesmo: evitar filhos preguiçosos e indolentes a todo custo.

O ENIGMA DO CASAMENTO DOS MEUS PAIS

Na infância, eu frequentemente me perguntava como duas criaturas tão opostas haviam se unido um dia e tido filhos.

Como o destino havia conspirado para que meu pai e minha mãe se encontrassem, em um tempo onde casamentos interraciais ainda eram vistos com maus olhos?

Considerando como agravantes que isso aconteceu nos anos 1970, após a longa jornada transoceânica da minha mãe e sua saga no Brasil com seu primeiro marido japonês, que enfrentou uma doença cardíaca grave e foi submetido a cirurgias em Assunção e São Paulo antes de falecer.

O preconceito maior não veio do lado japonês, e sim da família brasileira, do meu pai.

Minha mãe já era uma mulher emancipada, viúva e provedora do próprio sustento. Por isso, meu avô pouco interferiu na escolha dela. Mas minha avó paterna, católica, não aceitou tão facilmente.

— "Uma estrangeira, viúva, quase oito anos mais velha e já com três filhos?" — questionava, preocupada.

No meio desse conflito de valores e tradições, nós, os filhos, crescemos tentando encontrar nosso próprio lugar.

Entre a disciplina rígida de uma mãe guerreira e o espírito contemplativo de um pai sonhador, aprendemos a caminhar entre dois mundos.

E, de alguma forma, isso moldou nossa identidade de um jeito que talvez nem nossa mãe, nem nosso pai, jamais tenham imaginado.

O PESO DA GUERRA E O AMOR TRADUZIDO EM DUREZA

Minha mãe raramente estava descontraída e sorridente. Ela parecia sempre insatisfeita, preocupada, tensa. Era exigente e difícil de agradar.

Os traumas da guerra, que enfrentou na infância, deixaram marcas indeléveis ao longo de toda a sua vida.

Se ela fosse estudada por Sandor Ferenczi, certamente seria um caso clássico.

Talvez por isso, eu tenha desenvolvido uma necessidade quase obsessiva de "ler" sinais e prever comportamentos, através do tom de voz, do jeito de falar, da linguagem corporal.

CRIADOS PARA SOBREVIVER AO PIOR

Minha mãe carregava consigo todas as dificuldades que enfrentou desde a infância e fazia questão de nos lembrar constantemente delas.

Seu medo era claro:

- Ela não queria que ficássemos "estragados" ou "mal acostumados" com uma vida confortável demais.
- Temia que, ao enfrentar dificuldades, não soubéssemos sobreviver.
- Nos preparava, no fundo, para uma eventual Terceira Guerra Mundial.

Esse medo, além de claro, era real para ela.

Tinha visto sua família perder o pouco que tinham, tinha vivido a fome, a insegurança, a dor da perda.

E, ao se casar com meu pai, percebeu que ele vinha de uma família que um dia teve posses, mas foi se descapitalizando. Acreditava que por isso ele era frágil e contemplativo. O primeiro marido, para ela, não tinha sido muito diferente.

A ideia de ficarmos órfãos, como ela, e destituídos, como meu pai, povoava seu imaginário de forma dramática.

Foi só muitos anos depois, na análise, que pude compreender tudo isso.

Na época, criança ainda, eu acreditava que era apenas "encheção de saco". Mas não era.

O Amor de Quem Nunca Aprendeu o Afeto

Na verdade, eram demonstrações de amor, carinho e preocupação – só que traduzidas na única linguagem que ela conhecia.

Minha mãe perdeu a mãe muito cedo.

Antes disso, viveu na constante insegurança de que ela poderia morrer a qualquer momento, já que vivia doente.

Seu pai foi alcoolista por muitos anos; parou de beber quando veio para o Brasil. Ela não teve modelos de afeto saudáveis. Ela nunca foi bem alfabetizada na linguagem do amor.

Mas, com o pouco que recebeu e no ambiente hostil em que nasceu e cresceu, ela ainda fez muito e se deu muito. Foi o que pude compreender tempos depois.

A SUPERAÇÃO DAS DORES DE CRIANÇA

Uma analista que me acompanhou por muito tempo resumiu minha mãe em uma frase:

— "Ela era uma pessoa desencontrada."

Essas palavras, e tantas outras que ouvi ao longo da vida, me ajudaram a superar muitas das dores da minha infância.

E, de certa forma, minha mãe mesma já me dizia isso, em sua própria maneira peculiar:

— "Sorewa kini shinaidê, nê." ("Não leve isso para sua alma.")

Minha mãe era dura, exigente, implacável. Mas, por trás de toda essa rigidez, havia um coração que amava da única forma que sabia amar – através da disciplina, da preparação e da dureza.

E, no fim das contas, talvez tenha sido essa forma incomum de amor que nos tornou fortes e flexíveis.

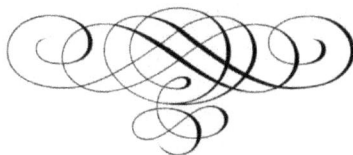

A BARREIRA DA LÍNGUA E A RUPTURA DO TEMPO

Minha mãe nunca aprendeu completamente o português e eu nunca consegui dominar a língua dela. O resultado? Falhas de comunicação colossais.

Nunca tivemos uma conversa verdadeira, em que eu pudesse expor com clareza o que pensava e sentia.

Em 1992, quando ela voltou para o Japão, esse distanciamento se tornou físico e definitivo. Ela passou mais de 20 anos longe.

Quando retornou, os primeiros sinais de demência já apareciam. E os seus traços de personalidade mais rígidos e inflexíveis foram se acentuando ainda mais.

A INVEJA SILENCIOSA E A RUPTURA IRREVERSÍVEL

Sempre senti inveja dos meus dois irmãos mais novos, que foram morar no Japão na adolescência.

Eles com certeza enfrentaram outras dificuldades, mas tiveram algo que eu nunca tive:

- Conviveram com nossos pais por mais 20 anos.
- Aprenderam japonês fluentemente.
- Puderam amadurecer a relação, conversar de forma adulta com eles e resolver questões do passado.

- Eu não tive essa oportunidade.

Minha relação com eles se rompeu quando eu tinha 17 anos e fiquei no Brasil para estudar.

E mesmo com todo o tempo decorrido – e com toda a minha evolução, quando meus pais voltaram, já não me reconheciam mais.

O CONFLITO ENTRE PASSADO E PRESENTE

Eles ainda procuravam aquela adolescente gorducha, fóbica e irritadiça que deixaram anos antes. Mas essa adolescente não existia mais. E eu, por minha vez, não conseguia mais entrar no mundo deles. Era como se nós tivéssemos virado estranhos.

Um abismo de tempo, de idioma e de experiências nos separava. No fundo, talvez nenhuma ponte fosse capaz de nos reconectar completamente.

Ficar no Brasil me deu oportunidades, conhecimento e crescimento pessoal. Mas também me tirou algo que nunca poderei recuperar:

A chance de me acertar com meus pais enquanto ainda havia tempo.

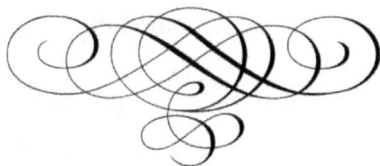

ANGÚSTIA

A angústia é a manifestação física da ansiedade, sendo considerada uma forma de somatização (de *"soma"*, corpo, em grego).

O próprio termo "angústia" carrega em sua raiz etimológica o significado de estreitamento e opressão:

- Do grego *"angor"* e do latim *"angustus"*, ambos remetem à sensação de aperto, sufocamento e restrição.
- Palavras como "angina" (dor torácica causada pelo estreitamento das artérias coronárias) e "angustifolia" (planta de folhas estreitas) compartilham essa mesma origem.

A angústia se manifesta através de sensações físicas e emocionais intensas, que incluem:

- ✓ Dor opressiva no peito ou na garganta – um aperto desconfortável, como se algo estivesse sendo comprimido.
- ✓ Sensação de vazio e desamparo – um sentimento difuso de perda e solidão, mesmo sem motivo aparente.
- ✓ Inquietação e apreensão – a impressão de que algo ruim está acontecendo ou prestes a acontecer.
- ✓ Vontade de chorar sem entender exatamente o porquê.
- ✓ Impulso de fugir, correr sem destino – uma necessidade irracional de escapar, mesmo sem um perigo real.

Em casos mais intensos, a angústia pode vir acompanhada de outros transtornos de ansiedade, como:

❖ Despersonalização (sensação de estar desconectado do próprio corpo).

❖ Desrealização (sensação de que o mundo ao redor parece estranho ou irreal).

❖ Ataques de pânico (crises súbitas de medo intenso e sintomas físicos alarmantes).

❖ Dissociação (desconexão da realidade ou das próprias emoções).

A angústia é mais do que um simples desconforto emocional. É um sinal do corpo e da mente, alertando sobre algo que precisa ser compreendido e processado.

Em muitos casos, entender suas causas e mecanismos é o primeiro passo para superá-la.

A angústia pode se manifestar de diferentes formas, e entender essa distinção é essencial para compreendê-la e lidar com seus efeitos.

Duas das principais manifestações são:

1. Angústia Existencial – surge da consciência da finitude da vida, do tempo e das mudanças inevitáveis.

2. Angústia Patológica – relacionada a transtornos de ansiedade, podendo ser persistente, incapacitante e associada a sintomas físicos intensos.

ANGÚSTIA EXISTENCIAL E A "SÍNDROME DA VINHETA DO FANTÁSTICO"

A primeira vez que senti angústia não foi por uma causa patológica. Foi uma angústia existencial, um momento de epifania – que só fui entender anos depois, já adulta.

Eu tinha cerca de seis anos e estava balançando meu irmão mais novo, de apenas um ano, na rede. Tínhamos acabado de nos mudar de Bela Vista para Dourados, e no terreno onde morávamos havia três construções:

- Uma casa de madeira antiga, já desgastada pelo tempo.
- Uma edícula nova, mas pequena e insuficiente para a família.
- Um salão comercial recém-construído, que era o orgulho da minha mãe.

Foi numa tarde comum, aparentemente sem importância, que algo mudou dentro de mim. Enquanto olhava para aquelas construções, tive um *insight* avassalador:

➢ A casa velha seria destruída.

➢ A edícula, por mais nova que fosse, logo ficaria obsoleta.

➢ O salão comercial era a promessa do futuro – mas um dia, até ele seria apenas uma lembrança.

E então, pela primeira vez, a consciência da transitoriedade e da impermanência das coisas me atingiu em cheio.

➢ Meu irmão, ainda um bebê, iria crescer.

➢ Meus pais iriam envelhecer.

➢ E, um dia, todos nós morreríamos.

Foi um estalo, um pensamento que veio e tomou conta de mim num instante.

Sem entender exatamente o que estava acontecendo, fui tomada por uma vontade imensa de chorar.

Sentia:

✓ Aperto no peito.
✓ Nó na garganta.
✓ Medo.
✓ Desamparo.
✓ Desesperança.

Mas para onde eu poderia fugir? Eu não podia abandonar meu irmão ali sozinho. Eu não podia gritar nem correr sem motivo. Então procurei me acalmar.

Comecei a me distrair – observando a fofura dos dedinhos dos pés do meu irmão, focando no presente, afastando o pensamento para longe.

A "Síndrome da Vinheta do Fantástico" – A Angústia Patológica Começa

Anos mais tarde, já no primário (atual ensino fundamental), comecei a reviver essa sensação de tempos em tempos. Mas agora, ela vinha sempre no mesmo dia e horário.

➤ No domingo à noite.
➤ Assim que eu ouvia a música de abertura do "Fantástico, o Show da Vida".

Aquela trilha sonora trazia com ela um sentimento difuso e incômodo. Era o prenúncio do fim do fim de semana, o retorno à rotina, o peso da segunda-feira. E, durante fases mais estressantes e solitárias, essa sensação se intensificava. Era diferente da angústia existencial da infância.

Dessa vez, parecia mais uma tristeza sufocante, sem forma definida, sem explicação lógica.

E ali, sem perceber, eu já estava sentindo os primeiros sinais da angústia patológica.

A angústia existencial nos confronta com o inevitável – o tempo, a mudança, nossa falta de controle sobre as coisas e os fatos; sobre a finitude da vida. Para os ansiosos em geral, essa percepção é perturbadora, pois gostamos de sentir que estamos no controle.

A angústia patológica, por sua vez, pode surgir sem aviso, transformando situações comuns em gatilhos para o sofrimento.

Compreender essa diferença é o primeiro passo para encontrarmos caminhos para lidar com cada uma delas.

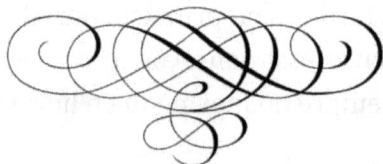

A "SÍNDROME DA VINHETA DO FANTÁSTICO" E O CONDICIONA-MENTO PAVLOVIANO DA ANGÚSTIA

Muitos especialistas já mencionaram o fenômeno conhecido como "Síndrome da Vinheta do Fantástico" – uma variante da angústia do entardecer, que, com o tempo, se torna uma espécie de Condicionamento Clássico Pavloviano (CCP). Ou seja:

➢ Não precisamos necessariamente estar angustiados – basta ouvir a vinheta, ao entardecer, para o gatilho emocional ser acionado automaticamente.

➢ Parece brincadeira, mas melhorei muito depois que me tornei assinante de TV a cabo e passei a evitar a TV aberta.

A "SÍNDROME DA SEGUNDA-FEIRA" E O MITO DO DESCANSO PROLONGADO

Muitos pacientes acreditam que essa angústia de domingo à noite está ligada à segunda-feira e à volta da rotina cansativa.

❖ Chamam de "Síndrome da Segunda-Feira".

❖ Relatam sensação de sufocamento e aperto no peito já no domingo à tarde.

❖ Alguns dizem que a angústia começa logo depois do almoço, como um nó na garganta que vai apertando cada vez mais forte.

Mas será que é mesmo a segunda-feira a vilã?

A EXPLICAÇÃO DA PSICANÁLISE: O PERIGO DO TEMPO LIVRE

A explicação mais plausível que encontrei vem da Psicanálise – e, curiosamente, inocenta a segunda-feira. Na verdade, ansiamos pela volta da rotina.

Assim como, durante a pandemia, muitos ansiavam pela volta da normalidade.

O problema não é a segunda-feira. O problema é o que acontece quando ficamos sem rotina por tempo demais.

❖ Nos fins de semana, feriados prolongados e durante a pandemia, passamos mais tempo sem distrações externas.
❖ E, sem distrações, começamos a encarar a nós mesmos.

É nesse momento que nossos fantasmas começam a nos assombrar.

O CONFRONTO COM O INCONSCIENTE E OS REFLEXOS NO MUNDO REAL

Aquelas questões que passamos a semana inteira tentando evitar, de repente, vem à tona:

➢ A conversa que evitamos ter com o cônjuge ou namorado.
➢ O problema mal resolvido com a família.
➢ O descontentamento profissional ou pessoal que empurramos para debaixo do tapete.

Durante a semana, os barulhos externos da vida cotidiana nos distraem dos ruídos internos da nossa mente. Ruídos incômodos que não queremos ouvir.

O trânsito, as obrigações, o trabalho, os prazos – tudo isso nos mantém ocupados demais para encarar certas verdades duras e cruéis, que preferimos manter trancafiadas nos confins da nossa mente.

Mas quando o silêncio chega, quando a rotina some, somos forçados a escutar o que tentamos ignorar durante os chamados "dias úteis". E isso pode ser insuportável para muitos de nós.

Os Perigos da Angústia Não Processada

Não é mera coincidência que as noites de domingo estejam associadas a um aumento de comportamentos auto e heterodestrutivos.

➢ Aumento de autoflagelação em adolescentes e adultos jovens.

➢ Maior incidência de intoxicação exógena autoinduzida (overdoses acidentais ou intencionais).

➢ Tentativas de suicídio por diversos meios.

➢ Acidentes de carro e brigas domésticas – frequentemente envolvendo álcool e drogas.

➢ Aumento de ocorrências policiais e visitas ao Pronto Socorro.

➢ Crescimento significativo do número de atestados médicos nas segundas-feiras.

Tudo isso parece ter uma correlação empírica forte com a forma como lidamos – ou melhor, como não lidamos – com a angústia e a solidão dos domingos à noite.

O Impacto da Pandemia: Quando Todos os Dias Se Tornaram Domingos

A pandemia potencializou esse efeito de maneira brutal; pois muitas pessoas passaram ainda mais tempo sem rotina, presas consigo mesmas.

E então, os problemas que já existiam, mas que antes podiam ser mascarados pelo cotidiano, se tornaram insuportáveis:

❖ Casamentos desmoronaram.

❖ Casos de violência doméstica aumentaram no mundo todo.

❖ Parcerias e sociedades empresariais findaram.

❖ Pessoas que estavam "suportando" relações ou empregos desgastantes entraram em profunda depressão.

❖ O aumento dos casos de ansiedade, automutilação e tentativas de suicídio foi alarmante.

A pandemia não criou esses problemas, mas tirou do caminho as distrações que nos impediam de encará-los. E, sem a rotina como escudo, muita gente sucumbiu ao peso da própria realidade.

A segunda-feira não é a culpada. O verdadeiro problema é o que acontece quando o silêncio nos obriga a enfrentar o que evitamos.

Talvez, a chave para lidar com essa angústia não seja temer a rotina, mas aprender a estar em paz consigo mesmo – mesmo nos momentos de pausa do trabalho e da rotina.

Ou seja, reclamamos da rotina e de sua monotonia, mas, no fundo, ela nos é valiosa.

➤ Ela nos estrutura, nos ancora na realidade e nos oferece um senso de estabilidade.

➤ Nos dá uma salvaguarda emocional; um refúgio contra o caos interno.

➤ Nos concede desculpas convenientes para adiar decisões difíceis.

Afinal, é fácil dizer: "Não posso lidar com isso agora, estou ocupado demais."

A rotina nos impede de agir impulsivamente como "justiceiros" na nossa própria vida, confrontando e resolvendo tudo de uma vez. Ela dilui o impacto das nossas angústias ao longo dos dias.

Mas o que acontece quando essa estrutura desaparece?

Durante quase dois anos de isolamento, percebemos que era relativamente fácil suportar uma "angustiazinha" de fim de semana – afinal, logo a segunda-feira chegaria e a rotina nos resgataria.

Nosso equilíbrio emocional se refazia a cada cinco ou seis dias de compromissos e obrigações.

Porém, se esse intervalo sem rotina se prolonga, a angústia se acumula, avoluma-se – e há quem não resista.

Quando o silêncio se estende por tempo demais, somos forçados a encarar o que evitamos. E nem todos estão prontos para isso.

A rotina pode parecer uma prisão, mas também é um abrigo psicológico.

Talvez a solução não esteja em fugir dela, mas em aprender a equilibrá-la com momentos de introspecção que sejam suportáveis e saudáveis. A psicoterapia e a meditação são recursos muito adequados para aprendermos a lidar com nossos conteúdos internos, pouco a pouco, em doses homeopáticas, para que não nos assaltem de supetão. Para algumas pessoas, a oração e a religiosidade têm efeito semelhante. Acredito que possa haver complementariedade de benefícios ao se associar esses métodos. De qualquer forma, o autoconhecimento e a resolução de conflitos intrapsíquicos sempre foram recomendados como forma de atenuar a angústia.

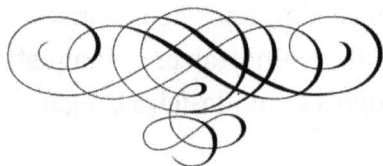

ANGÚSTIA PATOLÓGICA, DEPRESSÃO E SUICÍDIO

Enquanto crescia, presenciei algumas vezes minha querida prima materna, Alice, tendo crises fortes de angústia, choro e desespero.

➢ O rosto dela exprimia dor física – uma dor real, intensa, insuportável.

➢ Seus olhos denunciavam um sofrimento que ia além das palavras.

E essa é a pura definição da angústia:

✓ Um aperto, uma constrição no peito e/ou na garganta.
✓ Uma dor silenciosa que poucos conseguem entender.
✓ Uma sensação de sufocamento emocional, como se algo estivesse se fechando por dentro.

Alguns pacientes descrevem essa dor no estômago ou na barriga, mas, para Alice, ela parecia tomar todo o corpo e a alma.

Na época, eu não compreendia, mas anos depois, já na faculdade, comecei a sentir algo semelhante.

❖ Medo de falhar, de não ser suficiente.
❖ Solidão e um desalento profundo, sem explicação.
❖ A sensação de ter perdido alguém – mesmo sem saber exatamente quem.
❖ Uma necessidade absurda de controle nos relacionamentos, como se o abandono fosse iminente.

E então, pensei: "Ah, Alice... agora eu te entendo."

Alice e o Silêncio da Dor

Na minha lembrança infantil, Alice era delicada, doce e suave.

Ela levava a mim e meus irmãos menores para tomar sorvete quando visitava nossa cidade.

➢ Era como um dia de festa!
➢ Ela conhecia São Paulo, falava de coisas novas, diferentes.
➢ Seus olhos tinham histórias fascinantes... mas também uma tristeza difícil de ignorar.

De dia, Alice sorria. À noite, se desfazia em lágrimas.

Seus momentos de felicidade pareciam curtos, frágeis, passageiros.

Mas, apesar dos sorrisos e da generosidade, havia algo nela que sempre me intrigava: seus olhos nunca deixaram de ser tristes.

A Notícia que Mudou Tudo

Numa manhã, quando eu tinha sete anos, acordei com a notícia: Alice havia tirado a própria vida na noite anterior.

Lembro-me do silêncio que tomou conta da casa. Eu ainda não compreendia o que era a morte.

"Ela descansou", diziam os adultos.

Mas eu pensava: "Descansou do quê? Ela tinha a vida toda pela frente!" Não fazia sentido.

❖ Alice conhecia tanta coisa boa e diferente...

* Ela tinha histórias, experiências...
* Ela nos levava para tomar sorvete...

Como alguém assim poderia simplesmente "descansar" para sempre?

O PESO DO JULGAMENTO

Muitos poderiam dizer: "Mas ela não pensou na mãe?"

"Não pensou nos irmãos? E no pai?"

Hoje, com a maturidade e o conhecimento que adquiri, posso responder com certeza:

> Alice estava doente.
> Muito doente.
> E sua doença era tão letal quanto a febre que levou um irmão, antes dela.

A diferença?

* A febre era visível, diagnosticável.
* A depressão de Alice era silenciosa, invisível – e ninguém sabia a gravidade do que ela sentia.

A dor dela não podia ser medida em exames de sangue ou enxergada em tomografias.

Ela não deixou de amar sua família. Ela não escolheu morrer – ela só queria parar de sofrer; não via outra saída.

Alice foi vítima de uma doença que ainda não sabíamos entender. E essa é a realidade de muitas pessoas que sofrem com depressão e angústia grave:

> ➤ Elas não querem morrer.
> ➤ Elas querem aliviar a dor – uma dor que não dá trégua.

Hoje, meu olhar sobre Alice mudou.

Se eu pudesse voltar no tempo, diria a ela: "Alice, você não está sozinha. Nós podemos enfrentar essa dor juntos."

Mas, infelizmente, nem sempre conseguimos dizer isso a tempo. E é por isso que precisamos falar sobre isso.

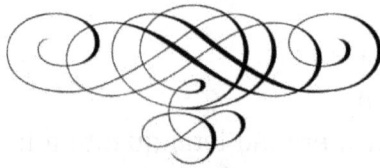

A PSICOLOGIA DA MINHA INFÂNCIA

ENTRE HISTÓRIAS E A ANGÚSTIA DO COMER COMPULSIVO

Enquanto crescia, minha observação das pessoas continuava intensa. Colecionava histórias e estórias, tentando compreender o comportamento humano e como adoecemos mentalmente.

➤ Livros, filmes e relatos reais eram minha fonte de aprendizado.

➤ Cada história era uma peça do quebra-cabeça da mente humana.

➤ Mas tudo isso era apenas um hobby, um passatempo, uma curiosidade.

Eu não me imaginava psicóloga ou psiquiatra. Pelo contrário, eu era:

❖ Fóbica.

❖ Introvertida.

❖ Cada vez mais ansiosa.

❖ Ganhando peso rapidamente.

E foi assim que, sem perceber, entrei em um ciclo de compulsão alimentar.

O CICLO DA ANSIEDADE E DA CULPA

Eu comia minhas emoções, compulsivamente. Estava muito além do meu controle. Compreendo muito bem o sentimento de impotência de um adicto.

- Doces, chocolates, biscoitos recheados, sorvetes...
- A sensação de alívio era imediata.
- Mas logo depois, vinha a culpa.

O peso da falta de controle me sufocava.

A culpa aumentava a ansiedade. A ansiedade aumentava a compulsão. E o ciclo recomeçava.

Na época, eu nem conhecia o conceito de bulimia.

- Nunca induzi vômito.
- Nunca usei laxantes ou diuréticos.
- Tampouco fiz exercícios físicos vigorosos e extenuantes.
- Mas eu me sentia fora de controle.

Mais tarde, descobri que meu caso era um Transtorno do Comer Compulsivo (TCC) ou Transtorno de Compulsão Alimentar (TCA).

Na infância, eu li um artigo da Seleções Reader's Digest sobre um casal americano cuja filha morreu de inanição por anorexia nervosa.

- O relato era forte, tocante, um alerta para os pais.
- A menina simplesmente parou de comer – e não percebeu que estava morrendo.

Eu não entendia como alguém poderia rejeitar comida. Na minha mente de 12 ou 13 anos, pensei: "Eu queria é ter um pouquinho disso!" Mas meu caso era o oposto: eu não conseguia parar de comer.

o Nos anos 90, a bulimia e a anorexia começaram a ganhar destaque na mídia.

o A internet trouxe uma explosão de informações sobre transtornos alimentares.

o Surgiram até sites pró-anorexia e pró-bulimia, com técnicas para esconder os sintomas.

Nomes femininos inocentes, como "Ana" (anorexia) e "Mia" (bulimia), disfarçavam fóruns onde garotas ensinavam umas às outras a parar de comer ou vomitar sem que os pais percebessem.

Paralelamente, começaram a ser documentados casos de vigorexia – a obsessão por músculos definidos e corpo perfeito, muito comum entre homens e até mesmo algumas mulheres, como Madonna.

Enquanto isso, eu me escondia.

o Usava o cabelo para cobrir o rosto.

o Andava de cabeça baixa para evitar contato visual.

o Falava escondendo os lábios.

o Franzia o cenho para evitar aproximações.

A menina alegre e espevitada até os 6 ou 7 anos de idade foi desaparecendo gradualmente. No lugar dela, surgiu uma menina introspectiva, ansiosa, assustada e irritadiça.

Meu maior medo? Falhar. Ser um fracasso. E, por isso, eu lia compulsivamente qualquer coisa que viesse parar em minhas mãos e que me interessasse. Lia muito sobre comportamento, romances policiais, crimes e investigação, psicologia. A leitura e o conhecimento eram meu refúgio.

o Minha infância e adolescência coincidiram com um dos períodos mais depressivos da minha mãe.

o Ela estava sempre irritada, pessimista, angustiada.

o Sua energia de desespero impregnava a casa.

o Reclamava de insônia terminal (perdia o sono de madrugada)

Mas não era uma depressão comum.

❖ Ela não chorava o tempo todo.

❖ Não ficava prostrada ou inerte.

❖ Não parecia "triste" o tempo inteiro.

Pelo contrário: era uma depressão agitada, impulsiva, imprevisível. Mais tarde, descobri que esse quadro tem um nome: "depressão atípica" ou "depressão agitada".

Naquela época, eu não compreendia o impacto da saúde mental dela na minha própria mente.

Hoje, sei que o ambiente emocional de uma família molda profundamente seus filhos.

A dor dela se tornou a minha dor, de um jeito que só consegui perceber muito tempo depois.

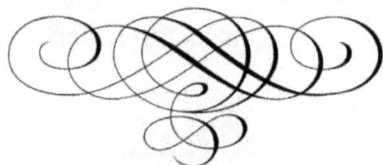

ENTRE A ANGÚSTIA E A RESILIÊNCIA: A JORNADA DE QUEM CURA AS PRÓPRIAS FERIDAS

Desde muito nova, aprendi a carregar segredos e dores silenciosas. Por volta dos 6 ou 7 anos, passei por situações difíceis e não me sentia segura para contar aos meus pais.

Na minha mente infantil, acreditava que seria demais para eles.

- o Meu pai, tão sensível e contemplativo, desmoronaria por dentro.
- o Minha mãe, tão enérgica e determinada, ficaria furiosa e eu perderia o amor dela.

Ela não sabia lidar com emoções vulneráveis, mas dominava como ninguém o trabalho.

No autêntico estilo japonês, ela vivia sob o lema da "diligência e eficiência".

- o Quanto mais angustiada, mais trabalhava.
- o Quanto mais ansiosa, mais se mexia, organizava, fazia.
- o Descanso? Apenas aos domingos, após o almoço.

Anos depois, tive uma paciente que me disse algo que imediatamente me fez lembrar dela: "Se eu parar, eu penso. E se eu pensar, eu choro."

Lembrei das palavras do meu mentor, Dr. Luiz Salvador de Miranda-Sá Jr.:

"Todo ato voluntário precisa ser um exercício de liberdade. Se for uma obrigação para o paciente, é apenas uma descarga para aliviar a angústia. Deixa de ser opção e vira servidão."

Minha mãe estava presa à sua própria neurose.

❖ Como alguém com TOC, que precisa limpar a casa repetidamente, mesmo quando não há mais nada para limpar.

❖ Como quem organiza e reorganiza compulsivamente, sem conseguir parar.

❖ Como alguém que faz e refaz, não porque quer, mas porque precisa, num ciclo interminável.

Ela não conseguia descansar, não conseguia parar. E queria que todos estivessem no mesmo ritmo que ela. Com o tempo, isso foi se intensificando.

A PROGRESSÃO DA DEMÊNCIA E O CORAÇÃO PARTIDO DO MEU PAI

Os traços de personalidade da minha mãe foram se intensificando gradualmente; na verdade era um processo demencial se instalando desde que voltou do Japão. No início, não percebemos as mudanças; vão ocorrendo muito sutilmente.

Vão surgindo os sinais de rabugice; antigamente chamavam "coisas de velho esclerosado" – significava tanto "esquecimento" (declínio cognitivo), quando comprometimento da personalidade e do comportamento (apego a hábitos e ritos que incomodam os mais novos).

Esse tipo peculiar de demência só muito recentemente foi diferenciada da demência de Alzheimer e da demência Vascular, as duas formas tidas como as mais comuns. Chama-se demência LANS (síndrome neurodegenerativa amnésica predominantemente límbica).

Após o início subclínico, o quadro dela foi piorando a olhos vistos:

- o Escondia o dinheiro com medo de ser roubada; depois esquecia de onde tinha guardado e acreditava ter sido roubada.
- o Desenvolveu delírios de ciúmes do meu pai – Síndrome de Otelo.
- o Criava situações de conflito dentro de casa, com rompantes de mau humor e fúria.

Por anos, resistiu a qualquer tratamento. Mas nos últimos anos, consegui convencê-la a tomar fluoxetina 20mg. Mas nada mais.

Com a medicação, tornou-se mais calma, mais serena, mais bem-humorada.

Mas em 2018, uma infecção grave mudou tudo. Foram 15 dias de internação, quase evoluindo para sepse e morte.

Durante esse tempo, desenvolveu uma encefalopatia, que resultou em demência vascular progressiva. Ela sobreviveu, mas nunca mais foi a mesma.

Um ano depois, veio o golpe final:

o   Meu pai sofreu um infarto fulminante.

o   A causa? Síndrome do Coração Partido (Síndrome Ta-
    kotsubô).

o   Um telefonema anônimo simulando um sequestro.

Anos antes, ele já havia recebido uma ligação dessas. Mas,
naquele dia, estava exausto.

o   Cuidava da minha mãe, sozinho, havia 11 meses.

o   Minhas irmãs ajudavam, mas ele fazia a maior parte do
    trabalho, porque ela não admitia cuidadoras.

o   Dormia pouco, desde que se habituou a fazer hora extra
    no Japão.

Tinha orgulho de dormir pouco, porque quando usava
Gardenal, tinha fama de sonolento e preguiçoso. Dizia: "Napo-
leão Bonaparte dormia só 3 horas por dia!" "Pai, o senhor não é
Napoleão Bonaparte!"

Mas ele insistia em se desgastar, talvez por um senso de
dever, talvez por amor. E seu coração cedeu.

A MORTE DA MINHA MÃE: UM FIM SOLITÁRIO

Após a morte do meu pai, a deterioração cognitiva dela
se acelerou.

o   A demência progrediu rapidamente.

o   Ela se perdeu dentro de si mesma.

o   A energia incansável deu lugar à confusão e ao esqueci-
    mento.

Em 2021, a COVID-19 levou o que restava dela. Meu pai morreu de um coração partido. Minha mãe morreu sem compreender o mundo ao seu redor. E eu fiquei com um turbilhão de emoções e reflexões sobre a vida, a mente e a resiliência humana.

CURADOR FERIDO: O LEGADO DA DOR

Quando li que Bert Hellinger disse que os melhores terapeutas vêm das famílias mais disfuncionais, pensei: "Pelo menos para isso serviu!"

Brincadeiras à parte, sempre acreditei no conceito do "curador ferido".

o Aqueles que vêm de infâncias difíceis amadurecem com mais vigor.
o Aprendem a aliviar suas próprias dores antes de curar as dos outros.
o E tornam-se mais resilientes. Porque resiliência não é só força.
  ➢ É saber quando ser forte e quando ser flexível.
  ➢ É saber quando agir e quando esperar.
  ➢ É encontrar o equilíbrio entre resistência e adaptação.

O TERAPEUTA QUE NÃO CONSEGUE SE AJUDAR

Infelizmente, nem todos conseguem. Há terapeutas que, apesar de compreenderem a mente humana, não conseguem salvar a si mesmos.

Lembro-me de uma frase que li, mas não sei quem a escreveu: "Embora mal conseguisse afrouxar suas próprias correntes, libertou muitos outros."

E talvez seja esse o grande paradoxo da cura:

o Ajudamos os outros a encontrar a paz, enquanto carregamos nossas próprias guerras internas.

o Mostramos caminhos que, muitas vezes, nós mesmos não conseguimos trilhar.

o Ensinamos a resiliência que, no fundo, ainda estamos tentando alcançar.

E no fim, somos todos um pouco curadores e um pouco feridos.

TENTANDO ENTENDER A LOUCURA

Durante toda minha busca intuitiva e instintiva por compreender a mente humana, sempre houve algo que me fascinava e me inquietava ao mesmo tempo: a loucura.

o O sofrimento emocional fazia sentido.

o A dor da angústia e da depressão eram palpáveis.

o Até os transtornos de ansiedade e compulsões pareciam ter uma lógica compreensível.

Mas a psicose... a "loucura"... era algo incompreensível para mim.

Era um mistério insondável, algo que parecia além da minha capacidade de entender o que significava ser humano.

No começo, deixei isso de lado. Talvez fosse complexo demais para o meu universo restrito de conhecimento infantil.

Mas lembranças esmaecidas da infância traziam fragmentos de imagens que, mais tarde, fariam mais sentido.

Os "Loucos de Rua" da Minha Infância

Eu era pequena, com menos de cinco anos, quando morava em Bela Vista, uma cidade de fronteira com o Paraguai.

o Lá, as crianças morriam de medo de dois "loucos de rua".

o Eram mendigos maltrapilhos, que vagavam pela cidade.

O primeiro era chamado de "Pimentão".

- o Tinha bochechas avermelhadas e uma barba branca.
- o Eu o achava parecido com o Papai Noel e sentia que ele era simpático.
- o Provavelmente, ele também era visto assim por outras pessoas, porque parecia conseguir mais comida do que o outro.

O segundo era magro e irritadiço.

- o Xingava, gritava e corria atrás das pessoas.
- o Por isso, todos tinham medo dele.
- o Ele parecia sempre faminto e descontrolado.

Hoje, ao olhar para trás, imagino que ambos fossem psicóticos bipolares.

- o Pimentão talvez tivesse um transtorno afetivo bipolar com episódios de euforia e letargia.
- o O outro poderia ter episódios de furor epiléptico também, em que a raiva, rompantes de fúria e agressividade dominavam seu comportamento.

Mas, naquele tempo, eram apenas "os loucos", figuras temidas e evitadas pelas crianças da cidade.

O Passado de Pimentão: A Culpa Que Devora a Alma

Um dia, perguntei ao meu pai o que havia acontecido com eles para ficarem assim. Meu pai não sabia ao certo, mas havia um boato.

Diziam que Pimentão tinha sido dono de um circo no Rio de Janeiro.

o O circo teria pegado fogo, matando muita gente.
o Após o acidente, ele teria enlouquecido de culpa e saído perambulando pelo mundo, sem rumo.
o Até que, por alguma razão, acabou em Bela Vista, na fronteira com o Paraguai.

Dromomania.

o Esse sintoma psiquiátrico existe.
o Trata-se de um comportamento impulsivo e incontrolável de perambular sem rumo.
o Em termos simples, é a necessidade de fugir, de andar sem destino, como se o movimento pudesse apagar a dor.

Na tragédia Édipo Rei, de Sófocles, Édipo faz exatamente isso após arrancar os próprios olhos, quando descobre que matou o pai e desposou a própria mãe. Talvez Pimentão tenha vivido sua própria tragédia grega.

o Talvez tenha sido consumido pela culpa.
o Talvez tenha sido engolido pela loucura e pela dor.
o Talvez tenha perdido tudo, até mesmo a si mesmo.

A Fé Como Salvação – Ou Como Perdição

Meu pai tinha uma teoria sobre a loucura de Pimentão.

o Dizia que a culpa devorou a alma dele.
o Que não houve fé suficiente para se reconciliar com Deus, com o destino, com os mortos.

Sempre fiquei intrigada com essa visão.

o   A fé pode ser a grande salvação para alguns.

o   Mas, para outros, pode ser um fardo esmagador.

Talvez Pimentão acreditasse que jamais poderia ser per-doado. Talvez ele tenha se condenado a um exílio perpétuo den-tro da própria mente.

E, assim, ele caminhou até desaparecer na memória da cidade, como tantas outras almas perdidas pelo mundo.

A PERCEPÇÃO DA DOENÇA MENTAL AO LONGO DAS GERA-ÇÕES

A história que minha mãe contava sobre sua colega de es-cola no Japão, que enlouqueceu após ser abandonada pelo noivo, sempre teve um tom de advertência.

Para ela, era uma lição de vida, um alerta contra os peri-gos do mundo e, principalmente, contra os homens, que seriam traiçoeiros e imprevisíveis.

A história reforçava sua visão pragmática da vida: era preciso ser forte, resistente e implacável diante das adversida-des. Fraquejar não era uma opção.

Olhando em retrospecto, percebo que havia um juízo mo-ral embutido na forma como minha mãe via a doença mental.

o   Para ela, enlouquecer era uma questão de fraqueza mo-ral.

o   Era falta de "força de espírito" – no japonês, ela dizia: "*Ki ga yowai*" (espírito fraco).

o Pessoas frágeis e que não suportavam o peso da vida "quebravam" e acabavam em hospitais psiquiátricos.

A Influência do Passado na Visão Sobre a Loucura

Os ensinamentos dos meus pais eram profundamente coloridos por suas percepções de mundo.

o Meu pai – Católico, religioso, vindo de classe média, via a loucura como falta de fé ou de conexão com Deus.
o Minha mãe – Imigrante pragmática, sobrevivente da guerra, via a loucura como falta de resistência, fraqueza emocional.

Percebo que, essencialmente, essas são as duas principais explicações causais que o senso comum ainda dá para a doença mental:

1. Falta de fé ou religiosidade
2. Falta de força de espírito ou caráter

As outras explicações – possessão demoníaca, maldição, obsessão espiritual – são apenas variações dessas ideias centrais.

O Atraso na Compreensão da Doença Mental

Infelizmente, as explicações dos meus pais refletem o pensamento que ainda persiste na sociedade hoje.

No passado, xamãs, sacerdotes e feiticeiros atribuíam todas as doenças a causas espirituais.

Durante séculos, qualquer sofrimento físico – fosse hepático, cardíaco, renal – era tratado com ritos e preces. Mas, à medida que a ciência avançou e encontrou explicações anatômicas, bioquímicas e eletrofisiológicas, essas doenças foram reconhecidas como problemas médicos legítimos.

A Psiquiatria, no entanto, demorou mais para fazer essa transição.

Como os distúrbios psiquiátricos não deixavam marcas físicas visíveis no cérebro, sua existência foi questionada por muito tempo.

Sem evidências concretas, sem exames que comprovassem a doença, o preconceito persistiu.

Hoje sabemos que transtornos mentais têm base neurológica, genética e bioquímica.

No entanto, o zeitgeist ("espírito dos tempos") ainda carrega os resquícios desse pensamento arcaico.

o   Ainda há quem diga que depressão é falta de força de vontade.
o   Que esquizofrenia é possessão.
o   Que ansiedade é frescura.

Enquanto outras áreas da Medicina avançaram e foram aceitas, a Psiquiatria ainda luta contra crenças e mitos que atrasam diagnósticos e tratamentos adequados.

A forma como nossos pais e avós enxergavam a doença mental era reflexo do mundo em que viveram.

o   Para minha mãe, a resistência era tudo – não havia espaço para fraquezas.

o   Para meu pai, a fé era a resposta para tudo.

Mas a verdade é que transtornos psiquiátricos são reais e legítimos.

✓ Eles não são falhas de caráter.

✓ Não são falta de fé.

✓ E, definitivamente, não são fraqueza moral.

Aos poucos, a ciência tem vencido os preconceitos. Mas a luta ainda não terminou. Enquanto criança/adolescente, eu também tinha apenas a perspectiva mística e sobrenatural sobre a "loucura". Meu "esclarecimento" parcial (*enlighment*) ocorreu numa noite de sábado, em meados dos anos 1980, quando todos já dormiam e eu assisti, escondida, um filme na "Sessão Coruja". Não me lembro do nome do filme. Nunca mais o encontrei em site, link ou plataforma de *streaming* alguma. Só sei que o enredo era o seguinte: numa pequena e simplória cidade agrícola do interior dos EUA, as pessoas começaram gradualmente a demonstrar comportamento bizarro. E as coisas começavam a escalar numa velocidade e num *frenesi* literalmente alucinante: de repente alguém atirava contra si mesmo; uma mulher começava a agir de maneira robótica (tipo *sleeping agent* nos filmes de espionagem e Guerra Fria), esfaqueava o marido até a morte e se matava em seguida. E assim, as pessoas seguiam se matando ou matando e se matando. Não, não era um filme de M. Night Shyamalan; ele só estreou em 1999, com "Sexto Sentido". Mas suspeito que ele também tenha visto esse mesmo filme, pois lembra muito "Fim dos tempos", lançado em 2008.

Ao longo da narrativa, você descobria que havia um sujeito (hoje considero um psicopata, no exato sentido da palavra), num avião próprio para aspergir agrotóxicos em lavouras, sobrevoando a cidade e jogando quantidades absurdas desse produto sobre os habitantes locais.

Com esse filme, compreendi superficialmente, o que anos mais tarde, estudei na residência de Psiquiatria: que certas substâncias (inclusive os agrotóxicos organofosforados) podem provocar quadros psiquiátricos variados nas pessoas; desde depressões leves a psicoses transitórias ou recorrentes (esquizofrenia) – tudo dependendo da tendência genética, idade à época da exposição, tempo e dose de exposição, demora no diagnóstico, adesão ao tratamento antipsicótico ou antidepressivo.

Apesar de ser um exemplo muito mais comum e frequente no cotidiano das pessoas, eu ainda não tinha ideia, nessa época, dos casos de psicose que podem ser desencadeados por drogas ilícitas (drogas de rua): cocaína, pasta base, *crack*, rebite e mesmo maconha. Existem também casos de psicose e de depressão suicida induzidos por medicamentos, como corticoides e interferon.

O fato é que esse filme foi um divisor de águas no meu imaginário, ainda adolescente, sobre as raízes do adoecimento mental. Comecei entendendo pelo mais óbvio: traumas emocionais abrindo doenças mentais. Mas, (*Eureka!*) descobrir que substâncias presentes no ambiente poderiam modificar o comportamento de forma transitória e/ou definitiva, suave ou grave assim, foi revolucionário para mim. No futuro, com os anos de formação, essa noção só se consolidou ainda mais.

Claro que não podemos ignorar os fatores psicossociais. Mas é importante, a cada caso clínico, dar o real papel e o devido peso e valor a cada componente na eclosão e no agravamento de cada doença.

Anos mais tarde, durante a residência em Psiquiatria e com a prática clínica, vim a conhecer inúmeros casos práticos em que determinada doença mental foi desencadeada por sobreposição de fatores genéticos com exposição a agrotóxicos, ou a outras drogas, com problemas socioambientais (dívidas, divórcios, luto por morte de ente querido, etc.). Lembrando que a depressão pode ser causada por problemas ambientais, mas, uma vez instalado o quadro depressivo (muitas vezes com base genética), a pessoa se torna socialmente muito mais inábil do que já era habitualmente. Com isso, passa a interagir de maneira ainda mais disfuncional e catastrófica; o que, consequentemente, piora cada vez mais o seu entorno social e aumenta as chances de fracasso nos relacionamentos.

Muitas vezes, as pessoas dizem: "Estou deprimido porque minha mulher (ou marido) me largou". Mas, ao analisarmos melhor, percebemos que a pessoa desenvolveu depressão por predisposição genética e, com isso, o convívio social e familiar ficou cada vez mais difícil. Brigas e desentendimentos passaram a ocorrer com mais facilidade e frequência, as condições de trabalho se deterioraram, e as dificuldades financeiras e o divórcio acabaram surgindo como consequência da depressão prévia, que naturalmente ficou muito pior. Não o contrário, como a pessoa é levada a crer. Por isso, o olhar técnico, profissional e isento é necessário para uma abordagem terapêutica mais eficaz.

Nos casos mais graves, sem intervenção adequada, pode até sobrevir o suicídio. A pessoa sente a total perda de controle sobre a vida e não tem a menor noção do que causou o quê. Dependendo do quadro clínico do transtorno mental presente e dos traços de personalidade de base, pode vir a se culpar por tudo e se autoflagelar; ou, ao contrário, terceirizar completamente a responsabilidade pelo caminho que as coisas tomaram. Na primeira hipótese, surgem pensamentos como: "Só trago problemas", "O mundo estaria melhor sem mim".

Mas como alguém poderia se culpar por ter um linfoma ou uma insuficiência cardíaca? Daí a necessidade do diagnóstico correto e precoce, para se quebrar essa corrente invisível e silenciosa. Antes, porém, a pessoa precisa da intervenção de alguém próximo: pais, irmãos, amigos, membros da comunidade; alguém que possa orientá-la a buscar ajuda profissional.

No tocante aos agrotóxicos, vim a saber depois que o Brasil tem uma peculiaridade: no Rio Grande do Sul, por exemplo, há uma alta incidência de depressão e suicídio entre fumicultores endividados, expostos a agrotóxicos organofosforados. Seria uma doença ocupacional. Muitos são descendentes de imigrantes europeus, sobretudo de ascendência alemã, que já trazem consigo a genética da tendência depressiva.

Há relatos anedóticos no Brasil de depressão com potencial suicida em descendentes de alemães pomeranos, em Santa Catarina e no Espírito Santo, muitos desses ligados a atividades agrícolas, pertencentes ao sexo masculino, solteiros, divorciados ou viúvos. Sim, a solidão é um fator de risco significativo para depressão e suicídio em homens. Algumas regiões do Mato Grosso do Sul e do Mato Grosso, que também receberam esses descendentes mais recentemente, parecem exibir casuística semelhante.

OBSERVAÇÃO HISTÓRICA

Com a derrota de Hitler, na cidade de Demmin, região de Mecklemburgo, na Pomerânia Ocidental, entre 30 de abril e 2 de maio de 1945, ao saberem que os soviéticos estavam chegando para dominar a cidade, centenas de cidadãos se suicidaram. Pais mataram filhos e mulheres e depois se mataram. Usaram armas de fogo, veneno ou degola. (Fonte: BBC News Mundo – 09 de maio de 2020, Ángel Bermudez).

Havia um medo especial dos soviéticos, gerando pânico adicional; crueldade deles era lendária e sua fama já os precedia. Para muitos, era melhor ser rendido por americanos, canadenses ou ingleses. Do contrário, preferiam se matar pelas próprias mãos e, com isso, tentar retomar o controle sobre a vida. Mas para esses habitantes da Pomerânia, talvez houvesse, além do fator psicossocial, um componente adicional: uma genética que predispusesse à depressão e ao desapego à vida diante da perspectiva de ter que enfrentar o pior.

A BASE DA NOSSA NATUREZA HUMANA

Desde os primórdios, o ser humano busca satisfazer suas necessidades, tanto individual quanto coletivamente. À medida que a espécie evoluiu e passou a viver em grupos e comunidades cada vez maiores, essas necessidades tornaram-se mais complexas e sofisticadas.

Em 1943, o psicólogo americano Abraham Maslow apresentou a Teoria das Necessidades Humanas, propondo uma categorização hierárquica dessas demandas. Ele estruturou sua teoria em forma de pirâmide, dividida em cinco níveis:

o Na base, estão as necessidades fisiológicas, consideradas as mais primárias e essenciais para a sobrevivência imediata, como alimentação, hidratação, sono e abrigo.

o No segundo nível, encontram-se as necessidades de segurança, que abrangem tanto a proteção física quanto a estabilidade material, familiar e financeira.

o No terceiro nível, estão as necessidades sociais, relacionadas ao pertencimento, às conexões afetivas e à interação com a comunidade.

o No quarto nível, situam-se as necessidades de estima, que incluem reconhecimento, status e autoestima, fundamentais para a valorização pessoal e social.

o No topo da pirâmide, Maslow colocou as realizações pessoais, como criatividade, desenvolvimento de talentos e busca pelo propósito de vida, considerando-as a expressão mais elevada das necessidades humanas.

Percebe-se que, à medida que se ascende na pirâmide, as necessidades tornam-se mais sofisticadas, abstratas e subjetivas, refletindo o próprio avanço da civilização e da consciência humana.

Desde a pré-história, o ser humano tem necessidades básicas inegociáveis: garantir água, alimento, abrigo e proteção contra intempéries e predadores. Uma vez asseguradas as provisões essenciais para a manutenção da saúde e segurança física, ele passa a buscar a satisfação de necessidades mais elevadas, como amor, amizade, afeto, pertencimento ao grupo, reconhecimento, status, autoestima, criatividade e talento. Além disso, surge a necessidade de demonstrar e obter validação para essas qualidades.

Embora os cinco níveis das necessidades humanas estejam interligados de alguma maneira, o terceiro, o quarto e o quinto estão dramaticamente conectados. É nesse ponto que as relações interpessoais se tornam o grande palco dos conflitos inevitáveis da existência, assim como das distorções de comportamento, sejam elas neuróticas ou psicopáticas. E é esse o ponto em que a Psiquiatria e a Psicologia se tornam fundamentais na compreensão dos tormentos humanos: quando saímos da satisfação das necessidades vitais e partimos para a necessidade de satisfação das necessidades superiores e mais complexas.

Sigmund Freud afirmava que todos nós buscamos a felicidade, mas dois grandes obstáculos inevitavelmente se impõem a esse desejo primordial: primeiro, vivemos em um mundo de relações interpessoais, onde nossas emoções e expectativas se entrelaçam com as dos outros. Segundo, temos um tempo finito para resolver nossas pendências emocionais com o mundo ao nosso redor.

Paradoxalmente, as mesmas pessoas que nos trazem mais felicidade são, muitas vezes, as que também nos causam mais sofrimento – sejam elas pais, filhos, cônjuges, companheiros, irmãos, amigos ou sócios. Ao longo da vida, passamos por ciclos de conflitos e reconciliações com esses indivíduos, variando conforme a história de cada um. No entanto, a vida não nos dá garantias nem tempo ilimitado para acertar todas as contas emocionais.

O destino, por vezes, intervém de forma abrupta e imprevisível, lembrando-nos de nossa impotência diante da finitude e da impermanência. Em muitos casos, sequer temos a chance de nos despedir da maneira que gostaríamos. Assim, seguimos nessa complicada equação, tentando nos equilibrar entre o princípio do prazer (a busca instintiva pelo bem-estar, como uma criança) e o princípio da realidade (a necessidade de enfrentar os desafios da vida adulta), até o dia de nossa morte.

No intervalo entre o início e o fim de nossas vidas, se estivermos um pouco mais atentos a questões abstratas, como o sentido da vida e o modo como nos relacionamos, em vez de simplesmente "existirmos", notamos uma infinidade de variações no comportamento humano, tanto nos outros quanto em nós mesmos. Muitas vezes, ficamos espantados e atônitos com tamanha diversidade de personalidades, até mesmo entre irmãos, filhos dos mesmos pais, criados, sem distinção aparente, no mesmo ambiente.

Há pessoas capazes de atos de grandeza, generosidade e altruísmo, contrapondo-se a outras, que demonstram mesquinhez, egoísmo e avareza. Algumas possuem histórias de vida extremamente difíceis, marcadas por traumas e privações, mas, ainda assim, tornam-se cidadãos dignos, honestos e resilientes. Em contrapartida, há aqueles que tiveram acesso a todas as oportunidades, mas são exemplos de desfaçatez e desonra.

Alguns tinham tudo para serem queixosos, amargurados e infelizes, mas são a personificação da alegria e da vitalidade genuína. Não se trata de uma simples defesa psicológica (formação reativa); são indivíduos que, apesar das adversidades, dizem sempre: "podia ter sido pior" e buscam aprendizado nas experiências ruins. Alguns chegam a ser irritantemente felizes e otimistas. Já outros, que "têm a vida ganha", parecem estar sempre insatisfeitos, reclamando de algo—nada nunca lhes parece bom o bastante.

É claro que a maioria de nós transita na zona cinzenta entre esses dois extremos. Na maior parte do tempo, pensamos, sentimos e agimos de maneira ambivalente, oscilando entre o bem e o mal, o certo e o errado, o egoísmo e o altruísmo, a sanidade e a loucura, a ponderação e a impulsividade, a felicidade e a infelicidade, a apatia e a vitalidade.

Essas variações de personalidade dependem de uma combinação multifatorial de fatores genéticos e psicoambientais, cuja interação ainda não é plenamente compreendida pela ciência. Influências como ambiente e forma de criação (*nature* x *nurture*), referências parentais, formação cultural e religiosa, acesso à educação, histórico familiar de doenças mentais graves, grau de neuroticismo, condições perinatais ou neonatais (como *score* de Apgar), histórico de traumatismos cranianos ou doenças infecciosas febris graves nos primeiros anos de vida, entre outros fatores ainda desconhecidos, desempenham um papel fundamental na formação da personalidade e na regulação emocional.

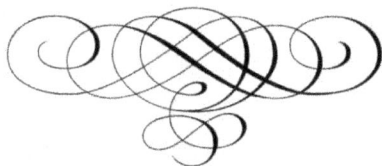

BIOLOGIA (Genética) X CRIAÇÃO (Cultura)

Ambas pesam sobre a formação de nossa personalidade. Mas qual é o fiel da balança? O que faz pender mais para um lado ou para outro nesses espectros comportamentais? O que pesa mais, fatores genéticos ou fatores psicoambientais? Será que a mesma regra se aplica a todas as situações, como personalidade global, transtornos de personalidade, traços de caráter, transtornos mentais (psicoses, transtornos de humor, resiliência ao estresse ambiental), transtornos do desenvolvimento infantil, entre outros?

Até que ponto uma pessoa com uma personalidade globalmente saudável e resiliente, dotada de uma genética aparentemente favorável e criada em um ambiente psicossocial equilibrado, estaria imune a uma depressão grave, ao alcoolismo ou a tendências suicidas após presenciar e sentir na pele os efeitos devastadores de duas grandes guerras mundiais?

Por outro lado, uma criança com forte predisposição genética para desenvolver transtorno de personalidade psicopática ou antissocial (herdada de ambos os genitores) poderia crescer ética e moralmente equilibrada caso fosse adotada nos primeiros 18 meses de vida por uma família amorosa e estruturada? Se essa família oferecesse um ambiente seguro e estável até a vida adulta, sem que a criança passasse pela síndrome da "porta giratória" (entrando e saindo repetidamente do sistema de adoção), isso poderia neutralizar sua vulnerabilidade genética?

É possível, de fato, separar genética de ambiente? Até que idade é viável interferir ambientalmente sobre uma predisposição genética desfavorável? Ou será que tudo depende integralmente do ambiente?

Se essa última suposição for verdadeira, ela se aplica a todos os seres humanos?

Nos últimos cem anos, diversos estudos foram conduzidos com gêmeos idênticos (monozigóticos) separados ao nascer e criados em ambientes drasticamente distintos. Tais pesquisas demonstraram, de maneira geral, que certas características comportamentais são predominantemente determinadas pela genética; outras são parcialmente influenciadas por fatores genéticos e ambientais, enquanto algumas são integralmente moldadas pelo estilo de vida aprendido, embora ainda possam sofrer influência do perfil genético.

Os países mais ricos, com menor desigualdade socioeconômica e cultural, conseguiram, de modo geral, reduzir a incidência de alguns distúrbios psiquiátricos de base psicoambiental. No entanto, essa melhora não se refletiu na incidência de doenças como a esquizofrenia, que possui uma base predominantemente biológica e hereditária.

É evidente que o acesso a um tratamento adequado impacta diretamente a sobrevida e a qualidade de vida dos pacientes e de seus familiares, e esse acesso está diretamente relacionado ao nível socioeconômico e cultural de cada indivíduo.

Além disso, os países mais desenvolvidos parecem ter sido mais eficazes do que os países pobres na contenção da conduta psicopática em adolescentes e adultos. Isso se deve, em grande parte, a um controle social mais rigoroso, a punições severas e a um sistema de encarceramento eficiente. Em contraste, nos países subdesenvolvidos, a impunidade frequente acaba servindo como um incentivo ao comportamento sociopático.

De maneira geral, observa-se que sociedades que conseguiram controlar, por pelo menos duas gerações, a violência social contra crianças e adolescentes — assegurando boas condições pré-natais, natais e pós-natais, como alimentação adequada, vacinação, acompanhamento pediátrico e acesso à saúde e à educação de qualidade — apresentam melhores índices de desenvolvimento humano (IDH).

Esses fatores refletem-se diretamente na qualidade de vida da população, contribuindo para a redução da violência urbana e da criminalidade em geral.

Ainda assim, os fatores genéticos continuam desempenhando um papel significativo na gênese de transtornos psiquiátricos graves. Mesmo em regiões mais ricas e desenvolvidas do Sul do Brasil, por exemplo, há altos índices de suicídio entre descendentes de imigrantes alemães. Da mesma forma, países desenvolvidos do norte da Europa, como Finlândia, Noruega e Dinamarca, além do Japão, apresentam taxas elevadas de suicídio.

No caso dos países nórdicos, a análise desse fenômeno é complexa: todos possuem um alto Índice de Desenvolvimento Humano (IDH). A Finlândia foi considerada, em 2018, o país "mais feliz do mundo", enquanto a Dinamarca ocupava a segunda posição. Em 2019, esses países conseguiram reduzir em 50% suas taxas de suicídio em relação aos anos 1990, graças a campanhas de conscientização e ampliação do suporte psicológico, iniciadas em 2007 (BBC News Brasil).

Entretanto, apesar dessas medidas, os índices de suicídio ainda permanecem elevados para países com um IDH tão alto. Em 2020, por exemplo, enquanto 558 finlandeses faleceram em decorrência da COVID-19, outros 717 tiraram a própria vida (R7 Notícias Internacionais). A combinação entre a pandemia — com sua carga de angústia, sofrimento, incerteza quanto ao futuro e perdas familiares — e a predisposição genética para depressão endógena pode ter sido um gatilho para indivíduos mais vulneráveis ao suicídio.

Além do impacto psicológico da pandemia, há a possibilidade de que o próprio vírus da COVID-19 ou seus tratamentos farmacológicos tenham contribuído para o aumento de transtornos psiquiátricos. Os corticosteroides, utilizados na fase inflamatória da doença, são conhecidos por seu potencial de desencadear episódios depressivos e maníacos em pacientes predispostos. Em doses elevadas, podem induzir psicose maníaca, estados de hipomania e síndrome paranoide.

No início de 2021, atendi três casos com esse perfil, que apresentaram remissão após a retirada gradual dos corticosteroides — realizada de forma controlada para evitar insuficiência adrenal — e a introdução de divalproato de sódio. Um desses casos envolveu uma paciente previamente tratada para depressão unipolar, que, após o uso de corticosteroides para COVID-19, desenvolveu um quadro intermediário entre hipomania e mania, manifestando a síndrome de Capgras.

Esse raro transtorno delirante levou a paciente a acreditar que um ente querido muito próximo havia falecido e que a pessoa que se apresentava diante dela era um impostor. Acompanhada de um comportamento agressivo e querelante, exigia explicações sobre a suposta morte do familiar. A melhora ocorreu gradualmente com a administração de zuclopentixol, a retirada controlada do corticosteroide e a introdução de divalproato de sódio, resultando em remissão completa após dez dias. No entanto, a paciente apresentou amnésia lacunar para os eventos sintomáticos, principalmente para o delírio de Capgras.

Essa síndrome é extremamente rara e pode ocorrer em pacientes com epilepsia focal temporal, histórico de traumatismo craniano (TCE) ou demência. Desde então, a paciente não apresentou novos episódios maníacos ou hipomaníacos, mas passei a recomendá-la para tratamento como bipolar, possivelmente com epilepsia focal temporal, predominando episódios depressivos.

EPIGENÉTICA

Os fatores psicoambientais desempenham um papel fundamental na formação da personalidade humana e na eclosão de transtornos mentais ou dificuldades de adaptação a situações novas e estressantes. No entanto, nem sempre são os únicos nem os mais determinantes em certos eventos da vida. Em algumas situações e transtornos, os fatores genéticos podem tornar-se preponderantes, especialmente em momentos-chave na trajetória de um indivíduo. Esses momentos podem ser deflagrados pelos chamados fatores epigenéticos.

De forma simplificada, fatores epigenéticos são influências ambientais que atuam como "gatilhos genéticos", ativando genes até então dormentes ou inativos sem que haja alteração na sequência do DNA (genótipo). Isso significa que um mesmo código genético pode gerar expressões fenotípicas distintas —

ou seja, mudanças visíveis e funcionais no organismo — dependendo do ambiente e das experiências vividas pelo indivíduo.

Um exemplo clássico ocorre em gêmeos idênticos: embora compartilhem a mesma matriz genética, ao serem expostos a diferentes condições ambientais e experiências de vida, podem desenvolver características individuais únicas. Um deles, por exemplo, pode desenvolver uma doença associada a um estilo de vida desregrado, enquanto o outro permanece saudável.

Na natureza, um exemplo fascinante de epigenética ocorre no desenvolvimento das abelhas. Tanto a abelha-rainha quanto as operárias possuem o mesmo material genético ao nascer. No entanto, a abelha-rainha recebe uma dieta diferenciada à base de geleia real desde a fase larval e ao longo da vida. Esse alimento ativa um conjunto específico de genes, promovendo alterações no crescimento e metabolismo, permitindo que a rainha se desenvolva em um tamanho maior e seja fértil, enquanto as operárias, alimentadas de forma diferente, permanecem estéreis e com menor desenvolvimento corporal.

Esse fenômeno ocorre por um processo conhecido como metilação do DNA, que regula a ativação ou silenciamento de genes sem modificar a sequência genética. Os principais nutrientes envolvidos nesse processo são o ácido fólico, as vitaminas do complexo B e o sistema adenosil-metionina, que desempenham papéis essenciais na regulação epigenética e no funcionamento adequado do organismo.

EPIGENÉTICA E PSIQUIATRIA

Na Psiquiatria, a Epigenética é de extrema relevância, especialmente ao se estudar o impacto de gatilhos ambientais, como álcool, maconha, cocaína, crack e outras substâncias psicoativas, na eclosão e agravamento de doenças psiquiátricas em indivíduos geneticamente predispostos, particularmente esquizofrenia e transtorno bipolar.

Por exemplo, há pacientes com uma predisposição genética aparentemente baixa ou quase nula para transtorno bipolar que, ao serem expostos a cocaína e seus derivados, acabam desenvolvendo o quadro clínico no início da vida adulta ou até mesmo na puberdade. Nesses casos, o transtorno pode se manifestar sob a forma de uma síndrome hipomaníaca e paranoide, caracterizada por euforia, hiperatividade e desconfiança patológica.

Lembro-me de um caso específico envolvendo uma paciente de cerca de 62 anos, que, na primavera do ano anterior, havia apresentado uma síndrome hipomaníaca e paranoide. Na ocasião, foi medicada com altas doses de haloperidol, um potente antipsicótico de efeito incisivo. Cerca de seis meses depois, no outono, sua filha a levou para uma nova avaliação, preocupada com os efeitos colaterais da medicação. A paciente apresentava importante impregnação neuroléptica, uma condição iatrogênica em que o excesso de antipsicóticos provoca sintomas parkinsonianos de intensidade variável. Dependendo de diversos fatores, essa condição pode ser reversível com a intervenção adequada, embora haja sempre o risco de descompensação do quadro psiquiátrico de base.

A filha relatou que a mãe sempre fora "depressiva a vida toda", apresentando um padrão muito semelhante ao da avó materna. No entanto, diferentemente da avó, que nunca havia sido medicada, a mãe passou a tomar antidepressivos prescritos por um clínico geral há cerca de cinco anos e vinha apresentando uma melhora relativa.

Durante a anamnese, perguntei sobre o padrão de humor da paciente ao longo desses cinco anos: qual antidepressivo fora utilizado, em que doses, se houve ajustes, quais eram os efeitos percebidos e como se comportavam as oscilações de humor ao longo das estações do ano. Nesse exercício de rememoração, a filha notou que, desde que começara o tratamento com antidepressivos, sua mãe ficava "mais animada que o normal", mas ainda apresentava oscilações sutis no humor.

Com uma análise mais detalhada, foi possível identificar um padrão sazonal:

- No outono, a paciente apresentava discreta tristeza;
- Na primavera, tornava-se mais desinibida e eufórica.

Com o passar dos anos, essas oscilações foram se intensificando gradualmente até que, na primavera anterior, a paciente teve um episódio de euforia extrema, ficando hiperativa, com redução drástica da necessidade de sono e alimentação, além de demonstrar comportamento socialmente inadequado e sexualmente desinibido. Desenvolveu também desconfiança patológica em relação aos vizinhos e delírio de roubo.

Diante dessa situação, foi levada a uma UPA (Unidade de Pronto Atendimento) e, posteriormente, transferida para um CAPS (Centro de Atenção Psicossocial), onde foi medicada com haloperidol.

Inferi desse relato que tanto a paciente quanto sua falecida mãe eram depressivas e potencialmente bipolares. No entanto, por pertencer a uma geração sem acesso a psiquiatras e psicofármacos, a avó faleceu sem jamais ter tomado um único antidepressivo, o que pode ter impedido a manifestação clínica de uma fase de mania ou hipomania.

A hipomania, uma forma mais branda de mania, pode ser facilmente confundida com traços da própria personalidade— como alguém naturalmente energético, alegre e expansivo, ou, ao contrário, irritadiço e mal-humorado. Essas variações podem ser influenciadas pelo temperamento inato da pessoa, pela presença de alguma lesão neurológica prévia ou por outros fatores.

A neta (filha da minha paciente) não soube dizer se sua avó alternava entre períodos de melhora e piora, mas afirmou com convicção que ela nunca apresentou psicose maníaca, nem precisou ser internada em hospitais psiquiátricos ou sanatórios. Já minha paciente, ao ser tratada apenas com antidepressivos, sem um estabilizador de humor, manteve-se relativamente bem por quase cinco anos, apesar de apresentar uma discreta ciclagem subclínica. No entanto, acabou desenvolvendo um episódio de mania com sintomas paranoides simultâneos.

Provavelmente, o componente paranoide confundiu o médico anterior, que focou apenas nesse aspecto ao prescrever um antipsicótico, sem identificar a doença bipolar subjacente com suas fases de hipomania e mania.

O que me chamou a atenção foi que as fases de hipomania da paciente eram vistas pela filha e pelos demais familiares como algo "bom e desejável" ("Ela ficava muito bem, muito animada!"). Naturalmente, as pessoas preferem estar sempre alegres, dispostas e otimistas, mas essa euforia que alguns pacientes em hipomania apresentam é patológica e pode ter consequências devastadoras para o cérebro a médio e longo prazo.

Comprovadamente, essas fases de hipomania, por mais leves e sutis que pareçam, contribuem para um processo chamado neuroprogressão. Trata-se de um processo neurodegenerativo em que ocorre morte neuronal progressiva e gradual, levando à demência prematura do paciente. Quadros recorrentes de depressão e mania também aceleram esse processo. No entanto, nesses casos, o sofrimento intenso do paciente e os riscos evidentes para si mesmo, para os outros, para sua imagem pessoal e para seu patrimônio fazem com que os familiares busquem tratamento com maior urgência. O mesmo não acontece quando a hipomania ocorre sem disforia (irritação e mau humor). Nessas situações, a doença pode ser tolerada ou até mesmo considerada benéfica pelos familiares por anos a fio, sem que percebam seu impacto prejudicial a longo prazo.

A demência progressiva associada a transtornos do humor deve ocorrer devido a múltiplos fatores, além dos já citados fatores genéticos e gatilhos ambientais. Há também a influência de altos níveis de cortisol e citocinas inflamatórias no cérebro de pacientes com depressão, mania ou hipomania. Essas substâncias são notoriamente neurotóxicas. Além disso, outros processos estão envolvidos, como o *kindling*, também chamado de "fenômeno do rastilho de pólvora".

Esse fenômeno ocorre em doenças neuropsiquiátricas associadas à depressão, ansiedade e pânico, como epilepsia e dor crônica. Ele se caracteriza pelo aumento progressivo da sensibilidade do cérebro a estímulos, tornando o paciente mais vulnerável a crises cada vez mais intensas e frequentes. O fenômeno pode ser exemplificado por dois casos:

1) **Epilepsia mal controlada**: Mesmo medicado, o paciente pode ter crises recorrentes desencadeadas por estresse, privação de sono, TPM, consumo de álcool, entre outros fatores. Com o tempo, esses gatilhos se tornam cada vez menores, até que as crises passam a ocorrer espontânea-

mente. Em casos mais graves, pode evoluir para status epilepticus ou estado de mal epiléptico, uma emergência médica com risco de parada respiratória, cardíaca e morte.

2) **Dor crônica** (como enxaqueca ou fibromialgia): O paciente pode desenvolver alodinia, uma condição em que estímulos leves e inofensivos, como o toque da água do chuveiro ou o contato com a própria roupa, causam dor intensa e insuportável.

A palavra "kindling" deriva do inglês "kindle" (graveto) e remete à ideia de pequenos gravetos usados para iniciar uma fogueira. No entanto, pequenas fogueiras acesas sequencialmente, ao longo de vários anos ou décadas, podem levar a um verdadeiro incêndio. Assim, cada evento estressor, cada episódio de dor, de depressão, de hipomania ou de epilepsia prepara terreno para o próximo episódio. Esse processo se repete sucessivamente até que a pessoa não precise mais de "gravetos" (gatilhos) para iniciar uma grande crise, e não reste mais nada a ser "queimado".

No caso da paciente, fiz a substituição gradual (*switch*) do haloperidol por valproato de sódio e carbonato de lítio (ambos disponíveis na rede pública de saúde). Em três meses, a paciente estava eutímica e sem sinais de impregnação neuroléptica. O que ocorreu com ela foi que o uso do antidepressivo atuou como um fator epigenético, desencadeando abertamente a doença bipolar. Esse quadro contrasta com o da mãe da paciente, que jamais utilizou qualquer antidepressivo ou psicoestimulante ao longo da vida e, por isso, manifestou apenas os sintomas depressivos. Isso sugere que ela poderia ser portadora dos genes da doença, mas sem ter desenvolvido episódios maníacos ou hipomaníacos.

Já a filha da paciente relatou ter tido alguns episódios depressivos e feito uso ocasional de antidepressivos, mas abandonou o tratamento após poucos meses. Alertei-a sobre o risco de também ser portadora de doença bipolar, com potencial de virada maníaca caso utilizasse antidepressivos indiscriminadamente — principalmente a partir da transição da terceira para a quarta década de vida.

Tenho observado um aumento significativo nas viradas maníacas nos últimos anos. Isso se deve, em grande parte, ao uso indiscriminado de antidepressivos e psicoestimulantes, tanto os lícitos (como sibutramina, metilfenidato e lisdexanfetamina) quanto os ilícitos. Essa exposição crescente a substâncias estimulantes pode precipitar quadros bipolares em indivíduos predispostos, tornando-se um risco significativo para a saúde mental.

Também tive a oportunidade de atender dois pacientes do sexo masculino: um no final da segunda década de vida e outro na sexta década. Ambos apresentavam um perfil compatível com síndrome hipercinética desde a infância, queixavam-se de déficit de atenção e concentração na vida adulta e demonstravam características como inteligência superior, rapidez associativa, pensamento e fala acelerados, gesticulação ampla ao falar, além de rigidez/inflexibilidade no pensar, sentir e agir e certo grau de excentricidade.

O paciente mais jovem utilizava Ritalina® (metilfenidato) 10 mg há alguns anos para estudar para concursos públicos. Já o paciente sexagenário fazia uso contínuo de lisdexanfetamina 70 mg diariamente, sem intervalos ou "drug holi-days", pois buscava "performance improvement plans" (PIP) – planos para melhoria de desempenho.

Caso 1: O jovem estudante

O primeiro paciente queixava-se de aumento da ansiedade, enxaquecas, visões oníricas, insônia e sintomas autonômicos (sudorese fria, taquicardia, tremores). Relatava ainda variações de humor, que, ao analisarmos sua anamnese, pareciam seguir um padrão sazonal: entre primavera e verão, apresentava tendência à hipomania e desinibição; no outono, à depressão. Além disso, apesar de inicialmente ter notado uma melhora cognitiva com a medicação, começou a perceber efeitos negativos: estava constantemente irritadiço, suas crises tornaram-se mais frequentes e intensas, afetando suas relações interpessoais, e, mesmo com o uso do estimulante, não obteve o rendimento esperado nos estudos. Além disso, relatava que perdeu muito peso desde o início do tratamento, o que o incomodava.

Inicialmente, a droga parecera milagrosa, uma "panaceia" para todos os seus males. No entanto, com o tempo, os efeitos adversos passaram a superar os benefícios, além do emagrecimento excessivo, encontrava-se desmazelado, mais hiperativo do que nunca e com dificuldades de concentração real.

Intervenção e evolução

Propus a retirada gradual do metilfenidato e a introdução de divalproato de sódio (500 a 1000 mg/dia). Em 30 dias, ajustamos a dose para 750 mg, e após 45 dias, os efeitos foram notáveis:

- O paciente estava calmo, sereno e focado;
- Ganhou massa muscular, pois retomou os treinos físicos;
- Recuperou ânimo e disposição;
- Sua fala tornou-se mais pausada e ponderada;
- O raciocínio apresentou-se mais estruturado, com pensamentos amadurecidos e juízo crítico mais apurado.

Com essa resposta clínica, concluí que o quadro inicial que parecia ser sua "base" comportamental era, na verdade, uma hipomania crônica induzida pelo metilfenidato. Além disso, suspeitei da presença de um componente de epilepsia de lobo temporal, visto que o metilfenidato é um irritante cortical.

A longo prazo, o uso contínuo da substância poderia ter levado a um processo de neuroprogressão pelo fenômeno do "kindling" – ou seja, perda neuronal progressiva decorrente de mini-crises convulsivas subclínicas (equivalentes epilépticos), resultando em deterioração comportamental gradual.

CASO 2: O EMPRESÁRIO E A LISDEXANFETAMINA

O segundo paciente me procurou com urgência, pois precisava de uma receita para adquirir a lisdexanfetamina. Ele já era medicado por outro psiquiatra, mas o profissional estava indisponível no momento. Relatou que iniciou o tratamento com 30 mg, mas, devido à rápida tolerância à substância, aumentou progressivamente para 70 mg/dia.

Desde o início da consulta, notei nele um certo grau de inquietação motora e psíquica, além de taquilalia (fala rápida), verborragia (fala excessiva) e uma quase-soberba, contida a muito esforço. Para quem não o conhecia, esses traços poderiam parecer apenas "o seu jeito de ser".

Decidi perguntar sobre sua história de vida, e ele ficou satisfeito em compartilhar sua trajetória, que de fato era impressionante – um verdadeiro "*self-made man*". Tinha um vernáculo impecável, quase obsessivo e gongórico. No entanto, o que mais me chamou atenção foram os altos e baixos de sua vida financeira – "picos e vales". Tantas vezes quebrou, tantas vezes ressurgiu, como uma Fênix.

Era um verdadeiro Midas nos negócios: surgia uma ideia inovadora, um sonho, um projeto pioneiro, e, impulsivo e destemido, pegava um empréstimo e se lançava na empreitada. Invariavelmente, seus negócios decolavam rapidamente e, ultimamente, tudo parecia conspirar a seu favor. Ele atribuía esse sucesso à "nova medicação que descobrira".

REFLEXÃO SOBRE A LISDEXANFETAMINA

Comecei a refletir sobre o papel da lisdexanfetamina em sua trajetória e como teria sido sua vida antes do medicamento.

Ele mencionou que passou por períodos de depressão severa, mas sua atual fase me pareceu algo hipomaníaca, com possível ciclagem de humor, sem que ninguém ao seu redor percebesse.

Relatou que já experimentou vários medicamentos e psiquiatras antes de encontrar o "elixir mágico", e agora lamentava que estava na dose limite e o efeito parecia cada vez menor.

Percebi que a melhor abordagem não seria atacar diretamente a substância, mas sim fazê-lo compreender a necessidade de reduzir a dose. Ele tinha uma alta consideração e estima pelo medicamento, e desmontar essa ligação emocional seria um desafio.

ESTRATÉGIA DE ABORDAGEM

Expliquei a ele, de forma didática:

- O mecanismo de ação das anfetaminas e como ocorre o desenvolvimento de tolerância e síndrome de abstinência;
- A importância de fazer intervalos no uso (*drug holidays*) em finais de semana, feriados e férias, para evitar a habituação e manter a eficácia da medicação;
- Como o uso consciente da lisdexanfetamina (em doses menores e menos frequentes) poderia otimizar seus efeitos, permitindo que doses menores voltassem a ter eficácia;
- Os riscos do uso contínuo e em altas doses, incluindo a possibilidade de:
  - ➢ Estimular genes quiescentes, desencadeando uma depressão de rebote;
  - ➢ Abrir um episódio maníaco franco, que poderia comprometer sua vida pessoal e profissional.

Mencionei que ele também apresentava características compatíveis com epilepsia focal temporal, com hiperfoco em conhecimento. Essa informação despertou seu interesse, pois ele desconhecia totalmente essa possibilidade.

134

DECISÃO TERAPÊUTICA

No final da consulta, ele aceitou reduzir gradativamente a dose da lisdexanfetamina, passando a tomar 50 mg e, posteriormente, 30 mg, com acompanhamento regular.

Não prescrevi estabilizador de humor, pois imaginei que ele não toleraria a sensação de estar "lentificado". No entanto, mantivemos um plano de acompanhamento para avaliar sua evolução. Ele voltou quase 10 meses depois; tinha conseguido diminuir a dose para 30 mg dia e usava apenas durante a semana. Disse que havia interrompido o uso aos fins de semana e nos períodos de lazer. Mostrava-se bem mais calmo e sereno; sem sinais de hiperexcitabilidade e irritabilidade. O humor e o ânimo mostravam-se mais estáveis e adequados. Concluí que ele de fato esteve em hipomania e agora, com a dose mais baixa e uso consciencioso do fármaco, mostrava-se eutímico.

UMA
BREVE

HISTÓRIA DA
PSIQUIATRIA

A psiquiatria é, indubitavelmente, um ramo da Medicina. No entanto, por envolver a complexa interrelação entre cérebro, mente e ambiente, suas manifestações variam de maneira única em cada indivíduo. Essa singularidade se expressa por meio de três pilares fundamentais: sentimento/emoção, pensamento e ação/volição.

Justamente por essa complexidade, a psiquiatria demorou muito mais tempo do que outras especialidades médicas para ser compreendida, classificada e catalogada em uma taxonomia própria. Também levou mais tempo para estabelecer uma correlação consistente entre estruturas cerebrais e suas respectivas funções. Na verdade, esse ainda é um campo em constante evolução e longe de ser uma obra concluída.

Diferentemente de outras áreas médicas, onde as relações anátomo-funcionais podem ser estabelecidas de maneira linear e cartesiana, a psiquiatria enfrenta desafios adicionais. Mesmo dentro da Neurologia, que também estuda o sistema nervoso central, as conexões entre estrutura e função são mais bem delimitadas. Já no campo psiquiátrico, a compreensão das funções abstratas do cérebro impõe barreiras significativas.

Por todas essas razões, a psiquiatria tardou a ser reconhecida como uma especialidade médica consolidada. Além disso, no imaginário popular, muitos dogmas e preconceitos ainda persistem, muitas vezes de forma inconsciente. Esses conceitos ultrapassados dificultam a aceitação plena da doença mental como uma condição médica legítima, sujeita às mesmas leis de causa e efeito que regem outras doenças clínicas.

Ao mesmo tempo em que há vestígios arqueológicos de crânios humanos submetidos a trepanações cirúrgicas primitivas — algumas evidências indicam que os pacientes sobreviveram ao procedimento, conforme demonstrado pela formação de calo ósseo — acredita-se que essas práticas tinham o objetivo de curar doentes mentais que eram considerados possuídos ou obsediados por espíritos malignos.

No entanto, o reconhecimento do cérebro como centro da vida é relativamente recente na história da Medicina. Durante a evolução do conhecimento médico, a "sede da vida" foi sendo realocada diversas vezes pelos estudiosos até se estabelecer no cérebro. Inicialmente, acreditava-se que residia no fígado e, posteriormente, no coração.

O próprio vocábulo "fígado" em inglês, liver, compartilha a mesma raiz semântica da palavra life (vida). Daí surge a expressão "inimigo figadal" ou "inimigo visceral", que faz referência a alguém que jurou eliminar a vida de outra pessoa. Essa associação primitiva pode ter surgido da observação empírica de que ferimentos no fígado frequentemente levavam à morte, devido ao rápido esvaimento de sangue.

Com o tempo, descobriu-se que o coração desempenhava um papel ainda mais crucial na irrigação e manutenção da vitalidade dos tecidos, marcando o início de um período que podemos chamar de "cardiocêntrico" na Medicina. Hoje, vivemos uma Era "cerebrocêntrica", na qual o cérebro é amplamente reconhecido como o verdadeiro centro do pensamento, da emoção e da vida consciente.

A ideia de que diferentes órgãos abrigariam diferentes aspectos da alma não é totalmente nova. No século V a.C., Platão já propunha uma tripartição da alma, na qual:

- O cérebro seria a sede da razão e do pensamento lógico;
- O coração abrigaria emoções como coragem, orgulho, raiva e medo;
- O fígado e os intestinos seriam o lar das paixões, da luxúria e da ganância.

Curiosamente, essa concepção sobrevive em expressões linguísticas até os dias de hoje. No inglês, por exemplo, quando alguém tem uma intuição intensa, costuma-se dizer:

"I can feel it in my guts" (literalmente, "posso sentir isso nas minhas entranhas"), onde *guts* significa intestinos ou vísceras, refletindo antigas associações entre vísceras e emoções.

A psiquiatria, como ramo da medicina, enfrentou desafios únicos devido à complexa interrelação entre cérebro, mente e ambiente, que se manifesta de maneira singular em cada indivíduo. Essa complexidade retardou o desenvolvimento de uma taxonomia própria e a correlação entre estruturas cerebrais e suas funções. A complexidade do cérebro e do sistema nervoso central representa um desafio particular, especialmente no que diz respeito às suas funções abstratas. Por esses motivos, a psiquiatria demorou a ser reconhecida como especialidade médica e ainda enfrenta preconceitos no imaginário popular, dificultando a aceitação da doença mental como um fenômeno natural sujeito às mesmas leis de causa e efeito que outras condições clínicas.

Antes do surgimento da psicologia e da psiquiatria como disciplinas médicas, as particularidades do comportamento humano normal e patológico eram estudadas principalmente no campo das ciências sociais e políticas. Albert Camus afirmou que "só há um problema filosófico verdadeiramente sério: o suicídio. Julgar se a vida merece ou não ser vivida é responder a uma questão fundamental da filosofia". As alterações comportamentais são difíceis de medir e avaliar pelo método científico, em parte devido a questões éticas e legais. No entanto, isso não justifica reducionismos, sejam eles sociopolíticos, religiosos ou biológicos. Embora a psiquiatria, a psicologia e as neurociências tenham demorado mais para fornecer evidências convincentes de sua materialidade e consistência como fenômenos naturais, elas são tão reais quanto as afecções de outras especialidades médicas. Enquanto as demais especialidades estão ligadas à satisfação das necessidades fisiológicas e à manutenção das funções vitais, as psiquiátricas estão diretamente relacionadas às funções mentais responsáveis por trazer satisfação e frustração, glória e sofrimento, júbilo e angústia.

Antes do desenvolvimento da psicologia e da psiquiatria como disciplinas científicas, as particularidades do comportamento humano eram frequentemente abordadas pelas ciências sociais e políticas. No entanto, apesar desses desafios, a psiquiatria, a psicologia e as neurociências emergiram, principalmente a partir de 1990, como campos legítimos de estudo, demonstrando que os fenômenos mentais são tão reais quanto as afecções tratadas em outras especialidades médicas.

Há mais de 2.500 anos, registros históricos da Grécia Antiga já indicavam o impacto de afecções cerebrais no comportamento humano, afetando o modo de pensar, sentir e agir dos indivíduos. Essas observações iniciais foram fundamentais para o desenvolvimento da compreensão das doenças mentais, embora, por muito tempo, como já dito, essas condições tenham sido atribuídas a causas sobrenaturais ou espirituais.

Um marco significativo na desmistificação das doenças mentais ocorreu com Hipócrates, no século V a.c. Ele propôs explicações naturais para condições como a histeria, sugerindo que sintomas histéricos resultavam de distúrbios fisiológicos, como a migração do útero pelo corpo feminino, levando a compressões vasculares e alterações comportamentais. Embora essa teoria seja ultrapassada, representou um avanço ao tentar explicar distúrbios mentais por meio de causas naturais, afastando-se de interpretações sobrenaturais.

Hipócrates também desenvolveu a Teoria dos Quatro Humores, que propunha que a saúde resultava do equilíbrio entre quatro fluidos corporais: sangue, fleuma, bile amarela e bile negra. O desequilíbrio desses humores estaria associado a diferentes temperamentos e doenças. Por exemplo, o excesso de bile negra estaria relacionado à melancolia ("melano": negra; "colis": bile); enquanto o excesso de bile amarela estaria associado à cólera. Embora essa teoria tenha sido posteriormente refinada por Galeno e influenciado a medicina por séculos, hoje é considerada obsoleta. No entanto, muitos termos e conceitos originados dessa teoria ainda permeiam a linguagem e o pensamento contemporâneos.

Em resumo, a psiquiatria percorreu um longo caminho desde explicações místicas e sobrenaturais até abordagens científicas e baseadas (ou não) em evidências. A compreensão das doenças mentais evoluiu significativamente, mas ainda enfrenta desafios na superação de preconceitos e na integração completa com as demais especialidades médicas.

Estudos contemporâneos vêm demonstrando que fatores biológicos, infecciosos, hormonais, metabólicos e traumáticos também podem influenciar o comportamento e a saúde mental, modificando a neuroquímica e a circuitaria cerebral. Por exemplo, o parasita *Toxoplasma gondii* pode infectar o sistema nervoso central de roedores, alterando seu comportamento e aumentando o risco de predação por felinos, que são os hospedeiros definitivos do parasita (o rato contaminado por *T. gondii* perderia o medo do gato e da urina do gato). Mais recentemente, surgiram evidências de que esse parasita também pode influenciar o comportamento do humano contaminado; tornando-o mais impulsivo e destemido, expondo-se a riscos e perigos desnecessários. Exemplos como esse quebram paradigmas milenares sobre a etiologia do comportamento impulsivo.

Reconhecer o sofrimento psiquiátrico de forma ampla e desprovida de julgamentos moralistas ou religiosos é essencial para avançar na compreensão e tratamento das doenças mentais. A psiquiatria tem ganhado destaque à medida que mais pessoas são afetadas por transtornos mentais e comportamentais, muitos dos quais estão relacionados ao estilo de vida moderno.

Em suma, a psiquiatria evoluiu significativamente, passando de explicações místicas para abordagens científicas que consideram a complexa interação entre fatores biológicos, psicológicos e sociais na determinação da doença e da saúde mental.

Apesar do sofrimento psíquico parecer ter piorado recentemente, talvez tenha apenas se tornado mais intenso e diversificado pelo estilo de vida moderno. E os mesmos mecanismos evolutivos descompensados tenham se tornado mais evidentes com as novas descobertas sobre etiopatogenia. De diferente, a modernização abrupta da sociedade pode ter acentuado a necessidade de reconhecimento social e busca por *status* e elevado essa necessidade a um novo patamar; antes inexistente ou pelo menos, não tão popularizado. Chega a parecer até um novo estressor psicossocial; mas não é. Creio que seja a potencialização de algo que Maslow já havia deduzido. Mas sua ausência trouxe um aguçado senso de vazio, de solidão, de inadequação, de não pertencimento (*"to be unfit"*) e de desamparo a muitas pessoas, ampliando o sofrimento mental e levando a diversas compulsões, como o consumo de álcool, comer compulsivo, rituais anoréxicos, compras compulsivas, jogos de azar, procedimentos estéticos excessivos e abuso de substâncias lícitas e ilícitas.

Dependendo do potencial genético de cada indivíduo, essas substâncias (fatores biológicos mais consumidos a partir de estressor ambiental) podem desencadear quadros variados de doenças psiquiátricas de base biológica, além dos estresses psicossociais com os quais já convivemos. A interação biopsicossocial desses diversos fatores pode ocorrer de modo imprevisível em um único indivíduo, afetando desfavoravelmente o destino de toda uma família, uma comunidade, uma sociedade inteira; num um efeito cascata.

Ou seja, a partir da tentativa de adaptação às novas demandas da vida moderna, surge uma exacerbação da angústia e do anseio por aceitação e *status* social, num nível epidêmico. Sendo que as redes sociais são a forma de exposição e comparação contínua e incessante entre as pessoas ("inveja vertical"). A partir desse estressor ambiental advém o consumo de substâncias químicas, produtos e serviços, muitas vezes desnecessários e descartáveis, em busca da perfeição e da felicidade. Nisso, as pessoas incorrem em riscos (abuso de álcool, psicoestimulantes, medicamentos, jogos de azar, etc) que aumentam suas chances de desenvolver doenças de base neurobiológica (transtornos mentais propriamente ditos).

PSICOPATOLOGIA:

Para introduzir os conceitos mais básicos de Psiquiatria, é interessante fazer uma análise do seu objeto de estudo: a doença mental. Mas antes, é importante diferenciar quais são seus limites: qual a diferença entre a Psiquiatria e a Neurologia?

A Neurologia lida essencialmente com a integridade do encéfalo (isquemia, hemorragia, traumatismo cranioencefálico, desmielinização, encefalomalácia, vasculite, etc.), repercutindo no nível de consciência (consciente-vigil, obnubilado, rebaixado – Escala de Glasgow); lida com os órgãos dos sentidos (visão, audição, tato, gustação, olfação); e é responsável pelo estudo e tratamento das afecções da motricidade em geral (articulação da fala, tônus, marcha, equilíbrio, sentido de localização espacial do corpo). Também é relevante no estudo e controle das doenças neurodegenerativas em geral.

A Psiquiatria, por sua vez, trata dos distúrbios que afetam a mente, interferindo nos sentimentos e no comportamento humano. A busca por um médico psiquiatra se faz necessária quando percebemos desajustes nas emoções, oscilações de humor, comportamentos repetitivos, entre outros comprometimentos que podem afetar a qualidade de vida.

Em muitos casos, quando os neurotransmissores, que são estruturas que atuam como mensageiros químicos e são liberados pelos neurônios, estão desequilibrados, pode ocorrer o adoecimento da saúde mental. Esse desequilíbrio pode interferir no comportamento e nas emoções, fazendo com que a pessoa se sinta mais irritada, isolada, ansiosa ou deprimida; ou mesmo paranoica.

Ou seja, enquanto a Neurologia trata precipuamente das síndromes decorrentes de perturbação da estrutura (arcabouço) cerebral, a Psiquiatria aborda os distúrbios que afetam a mente e as funções mentais superiores. No quadro de doenças mentais tratadas pela Psiquiatria, destacam-se: depressão, transtorno de ansiedade, bipolaridade, síndrome do pânico, bulimia, anorexia, esquizofrenia, dentre outros.

A psiquiatria foca nas funções mentais superiores, que incluem processos como atenção, memória, pensamento, linguagem, emoção e percepção. Essas funções são responsáveis por moldar o comportamento humano, abrangendo aspectos da personalidade, motivações internas e ações observáveis. Alterações nessas funções podem levar a diversos transtornos psiquiátricos.

Entre as funções de integração, destacam-se a consciência, orientação, memória e atenção, que conectam de maneira coerente e dinâmica três esferas psíquicas:

- **Afetividade**: envolve afeto, humor e emoções;
- **Cognição**: engloba pensamento, imaginação, juízo crítico e raciocínio lógico;
- **Psicomotricidade**: refere-se à volição, pragmatismo e capacidade de execução do que foi decidido e planejado.

Quando essas esferas funcionam adequadamente, a pessoa demonstra uma harmonia entre pensamento, sentimentos e ações. No entanto, em condições como a esquizofrenia, ocorre uma cisão das funções psíquicas, levando a uma desintegração da personalidade. Isso resulta em comportamentos desconectados e incoerentes, onde há uma dissociação entre cognição e afetividade.

Compreender essas funções e suas inter-relações é fundamental para o diagnóstico e tratamento eficazes em psiquiatria.

Essas esferas, funcionando corretamente, demonstram como a pessoa pensa, sente e age. Em doenças como a esquizofrenia, observa-se uma cisão do "ego" ou da personalidade, resultando em uma ruptura da coerência mental. A pessoa passa a agir de modo desconectado e bizarro, com incoerência entre pensamento (cognição) e sentimentos/emoções (afetividade).

A sensopercepção trata da integração entre os estímulos provenientes dos cinco sentidos (sensações) e a forma como são percebidos por cada indivíduo, considerando seu histórico de vivências e potenciais traumas. Além disso, analisa como esses traumas e experiências são incorporados na personalidade, integrando-se ao componente inato (temperamento) e ao adquirido na criação (caráter). Essa complexa rede de influências, em constante retroalimentação, corresponde à interface de integração do mundo interno com o meio externo, resultando nas diversas variantes de personalidades que encontramos. Embora cada pessoa seja única, esses padrões subjacentes permitem alguma análise e previsibilidade, tanto na saúde quanto na doença.

Através dos cinco sentidos, captamos e apreendemos o mundo. Os estímulos são processados pelas três esferas psíquicas de maneira tão peculiar quanto o número de pessoas no mundo. É interessante notar que os mesmos estímulos sensoriais podem ser simultaneamente capturados por diferentes pessoas e percebidos de maneiras totalmente distintas por cada uma delas. Por exemplo, ao pedir para várias pessoas que assistiram ao mesmo filme relatarem suas percepções, invariavelmente elas projetam sobre os personagens e enredo seus próprios traumas, medos e angústias. Acabam tomando partido de determinados personagens, chegando a defender condutas questionáveis, em função de sua própria biografia (acionando mecanismos de memória afetiva e aprendizado, crenças e ideologias), por identificação projetiva direta ou, ao contrário, por "identificação com o agressor" ou "formação reativa".

A psiquiatria também aborda as pulsões instintivas, que correspondem às necessidades fisiológicas primordiais e essenciais à sobrevivência de qualquer animal, como sono, libido, apetite e instinto de preservação. Contudo, considera igualmente o contexto cultural em que fomos criados e vivemos, bem como o impacto desses fatores socioambientais nos hábitos que desenvolvemos em torno dessas funções biológicas básicas. Por exemplo, um alimento comum em uma cultura pode ser considerado indigesto ou até intolerável em outra, devido a diferenças culturais.

É importante notar que, na psicanálise, o conceito de pulsão difere do de instinto. Enquanto o instinto está ligado a comportamentos preestabelecidos e realizados de maneira estereotipada, a pulsão refere-se a uma fonte de energia psíquica não específica, que pode conduzir a comportamentos diversos. Essa distinção é fundamental para compreender as complexas interações entre fatores biológicos, psicológicos e culturais que influenciam o comportamento humano.

Estudos com gêmeos idênticos criados em ambientes distintos desde o nascimento revelam que, ao atingirem a vida adulta, eles frequentemente compartilham preferências e escolhas semelhantes em certos aspectos, incluindo gostos relacionados à cultura de origem biológica, e não à adotiva. Isso contraria a possibilidade de que tais semelhanças ocorram por mero acaso, sugerindo que, em alguns casos, características genéticas e biológicas prevalecem sobre influências ambientais.

No âmbito patológico, o alimento e o sexo podem deixar de ser funções realizadas para a simples satisfação das necessidades vitais. Dependendo de uma doença psiquiátrica ou de um transtorno de personalidade subjacente, essas pulsões instintivas podem se tornar o centro da existência da pessoa, variando na intensidade e na importância que adquirem na vida do indivíduo, bem como no tempo que este dedica à preocupação e à busca diária em satisfazer ou atingir suas metas quanto à satisfação dessas necessidades. São exemplos dessas distorções das pulsões instintivas as compulsões alimentares, a bulimia e a anorexia nervosa. No campo da sexualidade, destacam-se a compulsão sexual, as parafilias em geral e a hipersexualização histriônica, relacionadas ao *coquetismo* ou *donjuanismo*, entre outras.

A consciência de "eu" é um atributo humano marcante; corresponde à autoconsciência, ao ego, à percepção de ser um indivíduo que existe e tem ciência de sua existência. Estando desperto e consciente (no sentido neurológico), o indivíduo possui experiências mentais e senso de continuidade no espaço-tempo. Comparativamente, a senciência é uma habilidade anterior; é a capacidade dos seres de terem sensações e sentimentos de forma consciente, ou seja, de terem percepções conscientes do que lhes acontece e do que os rodeia. A senciência pode ser observada em crianças a partir de um ano de idade; recentemente, descobriu-se que polvos e corvos também são sencientes. A consciência do "eu" pode estar prejudicada em vários estados psicóticos e psicogênicos.

A tendência à conservação ou à manutenção da vida é considerada por alguns autores parte das pulsões instintivas; outros a consideram tão importante e visceral que, mesmo classificando-a como uma pulsão instintiva, preferem descrevê-la separadamente no exame mental. De fato, o instinto de vida é muito forte nos seres vivos em geral, e não seria diferente nos humanos. Por isso, mesmo suicidas convictos utilizam recursos para evitar que esse instinto os traia na última hora. A famosa escritora inglesa Virginia Woolf, por exemplo, ao suicidar-se nas águas profundas do Rio Ouse, perto de sua residência, garantiu que as pedras nos bolsos de seu casaco impedissem seus esforços de tentar lutar contra o instinto de vida. Historiadores relatam que, uma semana antes de efetivamente se afogar, ela retornou para casa encharcada, após uma tentativa frustrada de afogamento.

A capacidade pessoal de se projetar no futuro e de fazer planos nos quais esteja presente também é avaliada no exame mental e são fatores preditivos de vitalidade, de presença de "elã vital" no paciente. Essa capacidade é avaliada em correspondência com o instinto de conservação da vida.

Consideramos também uma zona de intersecção com a neurologia ou neuropsiquiatria, em que afecções do lobo órbito-frontal e/ou lobo temporal acabam interferindo no comportamento: em pragmatismo, ética, empatia, capacidade executiva, impulsividade, limiar de tolerância ao estresse e capacidade ou não de autocontrole.

A classificação das doenças mentais com base na etiologia (causas) é uma abordagem que busca compreender as origens dos transtornos psiquiátricos, dividindo-os em categorias conforme seus fatores desencadeantes. Tradicionalmente, essa classificação é dividida em cinco grandes categorias:

1) **Doenças Endógenas**: São aquelas que possuem uma base biológica predominante, frequentemente associada a fatores genéticos. Embora não haja concordância genética absoluta, mesmo entre gêmeos monozigóticos, isso indica a influência de gatilhos ambientais, como infecções virais no primeiro ano de vida, prematuridade ou lesões cerebrais. Exemplos incluem esquizofrenia, transtorno afetivo bipolar tipo I e depressão maior.

2) **Doenças Exógenas**: São transtornos desencadeados principalmente por estressores ambientais. Podem ser resultantes de um evento estressante único e intenso, como no caso do Transtorno de Estresse Pós-Traumático (TEPT), ou de múltiplos estressores sucessivos que comprometem a capacidade de resiliência e as estratégias de enfrentamento do indivíduo, levando-o à exaustão. Exemplos são a depressão secundária a estresse ambiental, ansiedade generalizada e reações agudas ao estresse.

É importante notar que essa distinção entre endógeno e exógeno é uma simplificação, e muitos transtornos mentais resultam de uma interação complexa entre fatores biológicos, psicológicos e sociais. A compreensão moderna dos transtornos mentais reconhece essa interdependência, enfatizando a necessidade de abordagens integradas no diagnóstico e tratamento.

A história dessa senhora ilustra o impacto devastador que a perda de um filho pode ter sobre uma família. A morte trágica de seu filho de 18 anos desencadeou uma série de eventos que afetaram profundamente cada membro da família.

Impacto no Marido:

Após a perda do filho, o marido entrou em uma depressão profunda, caracterizada por sintomas como:

- Isolamento social (permanecendo na cama e evitando interações);
- Negligência dos cuidados pessoais (como higiene e alimentação);
- Perda de interesse em atividades anteriormente valorizadas (como o trabalho).

Na época, a depressão não era amplamente reconhecida, e comportamentos como esses eram frequentemente considerados "normais" diante de uma perda tão significativa. Infelizmente, sem o devido reconhecimento e tratamento, o estado dele se deteriorou, levando a complicações físicas que culminaram em seu falecimento.

Impacto na Filha:

A filha mais nova começou a manifestar sinais de depressão na adolescência, que, ao contrário da depressão do adulto, podem incluir:

- Agressividade e rebeldia;
- Isolamento social;
- Mudanças (queda) no desempenho escolar;

- Alterações no apetite e sono.

Esses comportamentos são indicativos de que ela estava lutando para lidar com o luto e as mudanças na dinâmica familiar.

Impacto na Mulher:

A viúva enfrentou desafios significativos, incluindo:

- Assumir responsabilidades financeiras e domésticas;
- Desenvolvimento de problemas de saúde, como hipertensão e distúrbios do sono;
- Sintomas de depressão, como irritabilidade, fadiga, dificuldades de concentração e dores físicas.

Sua luta para manter o otimismo e o bom humor, apesar das adversidades, destaca sua resiliência, mas também evidencia a necessidade de apoio emocional e psicológico.

Essa história ilustra bem a diferença entre depressão primária, endógena ou de base predominantemente genética (a do marido) e a depressão secundária, exógena ou resultante de exaustão por estressores ambientais sucessivos (a da mulher). Devemos evitar a todo custo estabelecer juízos moralistas de "forte" ou "fraco". É necessário adotar uma visão mais abrangente: considerar o quanto a pessoa é geneticamente programada para tolerar; como sua criação favoreceu ou prejudicou sua capacidade de resiliência; quais estratégias de adaptação (*coping*) ela possui; o que ela já suportou (já utilizou de suas reservas) e o quanto ainda consegue tolerar (o que ainda tem de reservas – ou o que já recuperou), sem sucumbir.

Algumas pessoas sofrem "desventuras em série"; já não têm muita reserva de tolerância, e as adversidades se sucedem em um ritmo frenético e escalonado. No caso dessa senhora, há ainda outro fator, que hoje seria mais ameno: o conceito de "normal" e "patológico" em situações como essa é mais claro agora do que nunca. Na época, o marido deveria ter recebido tratamento e sido afastado do trabalho por motivos médicos, com chances razoáveis de recuperação. Mesmo que o desfecho fosse desfavorável, ela estaria resguardada por uma pensão, o que ajudaria a mitigar os problemas financeiros que enfrentou.

3) **Doenças Endotóxicas**: Também chamadas de "síndromes confusionais agudas", consistem em uma alteração comportamental, geralmente caracterizada por agitação psicomotora e estado confusional com alucinações, induzida pela produção de toxinas. Essas toxinas podem ser bacterianas, como em infecções urinárias; metabólitos do próprio organismo que deixaram de ser excretados devido a disfunções hepáticas ou renais; ou resultantes de hipo ou hiperglicemia, além de variações dramáticas nos níveis de pressão arterial. É uma condição muito comum em idosos, devido à neurodegeneração, e em crianças, pela imaturidade neurológica. Também pode ser desencadeada por síndrome de abstinência de algumas drogas, como álcool (*"delirium tremens"*) e cocaína. O tratamento envolve equilibrar as condições naturais do corpo, combatendo a causa primária que originou o distúrbio, seja infecção, insuficiência renal ou síndrome de abstinência alcoólica.

Nem todos os casos de síndrome confusional aguda apresentam agitação psicomotora, alucinações e delírios. Existem casos atípicos, mais difíceis de perceber, especialmente em idosos, de "delirium" hipoativo ou acinético.

4) **Doenças orgânico-cerebrais**: decorrem de lesão ou disfunção neurológica, geralmente no lobo temporal (epilepsia focal temporal – mesmo sem convulsão), levando a alterações comportamentais: impulsividade, explosividade, prolixidade, tangencialidade, circunstancialidade, viscosidade (comportamento pegajoso), hiperfoco (hiperreligiosidade é o clássico; mas pode haver outros), rompantes de fúria, hipergrafia, colecionismo. Não há consenso atualmente sobre essa categoria, descrita originalmente como personalidade epiléptica ou interictal, desde os psiquiatras clássicos franco-alemães, e mais recentemente, por Geschwind, Waxman e Gastaut.

5) **Doenças psicogênicas**: As manifestações psicogênicas, também conhecidas como transtornos dissociativos ou de conversão, são alterações comportamentais de origem psicoemocional. Elas resultam de processos de autossugestão em indivíduos com características como imaturidade, alta sugestionabilidade e vulnerabilidade, além de um baixo limiar de tolerância ao estresse e às frustrações, mesmo diante de situações neutras ou estímulos mínimos. Frequentemente, essas manifestações apresentam-se de forma teatral, dramática e manipuladora.

Embora mais comuns em pessoas com essas predisposições, tais manifestações também podem acontecer, mais raramente, em pessoas mais maduras e emocionalmente saudáveis, que estejam enfrentando estresse emocional muito intenso. O que pode temporariamente reduzir sua resistência aos estressores ambientais. Nesses casos, a mente pode "regredir" a estágios primitivos de desenvolvimento como mecanismo de proteção contra danos potenciais a si ou a terceiros.

Os transtornos psicogênicos são classificados em duas categorias principais:

a) **Transtornos Dissociativos**: Caracterizam-se por uma perda parcial ou completa das funções normais de integração das lembranças, da consciência, da identidade e das sensações imediatas, e do controle dos movimentos corporais.

b) **Transtornos Conversivos**: Envolvem sintomas físicos que sugerem uma condição médica ou neurológica, mas que não podem ser explicados por exames clínicos ou laboratoriais. Esses sintomas podem incluir paralisias, convulsões, cegueira ou outros déficits sensoriais ou motores.

É importante destacar que o diagnóstico desses transtornos requer uma avaliação cuidadosa para excluir outras condições médicas ou neurológicas e identificar fatores psicossociais que possam estar contribuindo para o quadro clínico.

Exemplos de manifestações conversiva e dissociativa:

A- **Conversivas**: Nas manifestações psicogênicas conversivas, o paciente inconscientemente "converte" o sofrimento psíquico em um sintoma físico, que emula um quadro neurológico (sensorial ou motor), mas sem qualquer fundamento anatomofuncional que o justifique. O sintoma, no entanto, geralmente apresenta uma correlação simbólica com aquilo que o inconsciente está tentando impedir ou evitar reconhecer.

Por exemplo, um empresário de meia-idade, responsável por centenas de funcionários e seus familiares, após décadas conduzindo um empreendimento bem-sucedido, desperta certa manhã, em meados de 1960, com uma súbita paralisia no braço direito. Curiosamente, não demonstra preocupação ou medo diante do sintoma, manifestando a chamada *belle indifférence*. Inadvertidamente, é levado a uma sessão com um hipnólogo, que, sem qualquer anamnese ou investigação prévia, o sugestiona a liberar o movimento do braço paralisado. O empresário, então, recupera os movimentos e retorna ao escritório. No entanto, pouco depois, deixa uma carta explicativa e comete suicídio com um tiro na cabeça.

A paralisia histérica tinha uma função protetiva. Ele havia falido, mas não revelara isso a ninguém. Profundamente envergonhado e temendo o impacto sobre as famílias que dependiam dele, seu inconsciente gerou a paralisia como um mecanismo temporário de defesa.

B- **Dissociativas**: nas manifestações psicogênicas dissociativas existem alterações **comportamentais** em vez de manifestações físicas pseudoneurológicas (amnésia, fuga, estado de "choque", dupla personalidade, múltiplas personalidades). O gatilho é um estresse psicogênico muito intenso em personalidades normais. Em personalidades sugestionáveis e imaturas, o gatilho pode ser suave ou neutro.

Como todos os transtornos psicogênicos, em personalidades imaturas e sugestionáveis é considerado um transtorno de personalidade (que é um jeito anormal de ser; mas não, uma doença). Em pessoas normais, se o estado psicogênico (conversivo ou dissociativo) for transitório e autolimitado ao evento estressor, é considerado um fenômeno de adaptação - a mente está apenas precisando de um tempo para se reconectar e se refazer após um estresse muito intenso. Se for prolongado demais, torna-se uma doença, disfunção ou transtorno.

Exemplo: caso ocorrido há mais de 50 anos - um homem era passageiro num avião pequeno e sobreviveu à queda. Enquanto o piloto chegou desmaiado ao solo, o passageiro estava "consciente", mas com o susto e o medo que passou, por conta da "experiência quase morte" (EQM) entrou em estado dissociativo. Caíram a uns 60 metros de uma estrada rumo à civilização, mas o homem (todo cheio de escoriações, sangue e rasgos nas roupas) caminhou em direção oposta, à mata densa; contrariando a lógica e o senso comum - o que configura a fuga dissociativa. Perambulou por algumas horas e foi encontrado por um fazendeiro e seu capataz, que se impressionaram com o estado dele e perguntaram o que havia acontecido. Ele não sabia dizer quem era, de onde vinha, nem o que havia acontecido - amnésia dissociativa. Ao que contam, parecia realmente confuso e desorientado. Deveria estar também estranhamente calmo diante da gravidade da situação (para alguém em tão mal estado e perdido na mata) – o que também configura a *belle indifference*.

Após algumas horas, ao ouvirem no rádio sobre um avião desaparecido nas proximidades, os homens foram ligando os pontos e conseguiram fazer com que o estranho fosse retomando a razão e recobrando a "consciência" e a memória dos fatos.

Esses estados dissociativos, de curta duração, possivelmente impedem o corpo de entrar em colapso por estresse adrenérgico. O medo desencadeado por uma EQM dessas proporções poderia causar um infarto ou outra forma de colapso circulatório. É como se a natureza tivesse dotado o cérebro de um "fusível" que pudesse ser queimado sem maiores consequências, para preservar o circuito todo.

A *belle indifference* presente nos quadros psicogênicos dissociativos e conversivos seria justamente essa aparente "indiferença afetiva" do paciente, diante de quadros que seriam graves do ponto de vista neurológico (paralisia, cegueira, amnésia, AVC, etc).

Infelizmente, muitos expectadores confundem isso com fingimento e reagem mal; principalmente diante dos quadros de histeria patológica. Médicos e atendentes de Pronto Socorro, não raro, acabam maltratando, indevidamente, o paciente em crise psicogênica. Por desconhecerem a natureza do quadro clínico, acabam fazendo essa reação contra-transferencial frequentemente.

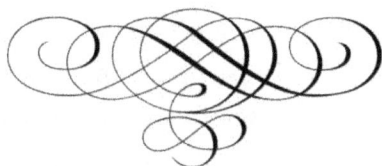

A JORNADA DA MENTE HUMANA E O PODER DA RESILIÊNCIA

Ao longo destas páginas, pudemos ter um vislumbre do quão profunda e complexa é a mente humana. Um universo magnífico a ser navegado e desafiado; ainda cheio de surpresas inimagináveis. Cada história apresentada, cada caso analisado, nos mostram algo fundamental: nossa mente é onde nossos traumas, memórias, emoções e crenças se entrelaçam de forma única, peculiar e atemporal. Um único modo de avaliá-la e capturá-la não é suficiente. Uma única visão, uma única perspectiva e um único prisma não são capazes de nos dar a dimensão do quanto nossa mente ainda tem de mistérios ocultos.

Quando às nossas dores e sofrimentos, há uma grande lição a ser tirada: ninguém está imune aos desafios da existência – "o que vive sofre". Todos nós, em algum momento, enfrentamos dificuldades emocionais, dúvidas existenciais e situações que nos testam ao limite. O sofrimento psíquico não é um sinal de fraqueza, mas sim uma parte da experiência humana, que nem sempre pode ser compreendida, mas, creio, em quase todos os casos, pode ser transformada; sublimada.

A Natureza da Mente e o Caminho da Cura

A Psiquiatria, a Psicologia e as Neurociências nos mostram que a mente não pode ser simplificada em conceitos rígidos e universais. O que afeta uma pessoa pode não ter o mesmo impacto sobre outra. As reações às adversidades são influenciadas por fatores biológicos, emocionais, sociais e até espirituais.

Isso significa que não há um único caminho para a cura, mas sim diferentes trajetórias que podem levar à recuperação e ao equilíbrio. Para alguns, o suporte familiar e a fé são essenciais. Para outros, a terapia e a medicação trazem a estabilidade necessária para seguir adiante. O que importa não é o caminho escolhido, mas sim a certeza de que ninguém precisa enfrentar a jornada sozinho.

O Peso dos Julgamentos e a Necessidade da Empatia

Uma das grandes falhas da sociedade é a tendência a julgar aquilo que não compreende. Por muito tempo, doenças mentais foram vistas com estigma e preconceito. Ainda hoje, muitas pessoas sofrem em silêncio, temendo a rejeição e a incompreensão.

Mas se há algo que podemos aprender, é que o sofrimento não pode ser medido ou comparado. O que pode parecer pequeno para um, pode ser devastador para outro. Não devemos olhar para as dores alheias com desdém, mas com empatia.

Quantas histórias poderiam ter tido um final diferente se houvesse mais acolhimento? Quantas vidas poderiam ter sido salvas se o sofrimento mental fosse tratado com a mesma seriedade que uma doença física?

A verdade é que a escuta atenta, o apoio genuíno e a compreensão podem ser ferramentas tão poderosas quanto qualquer tratamento médico.

Resiliência: A Capacidade de se Reinventar

Se há um tema que permeia todas as histórias que compartilhei, é a resiliência. A capacidade que o ser humano tem de se adaptar, superar e encontrar novos caminhos, mesmo após as situações mais adversas. Por isso é importante manter a esperança.

Muitas vezes, acreditamos que não há saída, que a dor será eterna, que o passado nos condena. Mas a mente humana é surpreendentemente plástica e adaptável. Mesmo após grandes traumas, mesmo após perdas irreparáveis, é possível reconstruir-se, reinventar-se, reescrever a própria história.

Isso não significa que o caminho será fácil. A dor, muitas vezes, deixa marcas. Algumas cicatrizes emocionais nos acompanham para sempre. Mas elas não precisam nos definir. O passado faz parte de quem somos, mas não determina quem seremos.

Uma Última Reflexão: O Que Levamos Desta Jornada?

O estudo da mente não é apenas um campo científico — é um exercício de humanidade e de autoempatia. O objetivo deste livro é o de ampliar o autoconhecimento, mas também ajudar a despertar para:

- A consciência de que o sofrimento psíquico é real e precisa ser tratado com seriedade.
- A empatia - enxergar além das aparências e compreender as dores que não são visíveis.

- A esperança de que sempre há possibilidades de mudança, mesmo nos momentos mais sombrios.
- E, acima de tudo, a certeza de que é possível contar com auxílio e amparo em sua jornada.

Se você está passando por um momento difícil, lembre-se: você não é fraco por sentir dor e precisar de ajuda. Você não está quebrado, tampouco está só. A transformação e a recuperação são possíveis.

Porque, no fim, tentar compreender a mente é entender a essência da vida — e isso é o que nos torna verdadeiramente humanos.

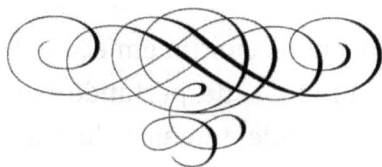

POSFÁCIO

Chegar ao fim de um livro como este não significa apenas virar a última página, mas sim absorver a profundidade de cada palavra e permitir que sua mensagem nos transforme. Ao acompanhar a jornada de Cristina, não apenas testemunhamos sua história, mas também encontramos reflexos da nossa própria caminhada, com desafios, superações e o constante recomeço que a vida nos convida a viver.

Este livro não é apenas um relato, mas um legado. Ele nos lembra que a força que nos move vem da fé, da resiliência e da certeza de que sempre há um propósito maior em tudo o que enfrentamos. Cristina compartilhou aqui não apenas sua história, mas sua alma, e esse presente é algo que cada leitor levará consigo.

Que estas palavras continuem ecoando em seu coração, inspirando novas jornadas, despertando novos sonhos e lembrando-lhe que, independentemente do que tenha ficado para trás, sempre há um novo capítulo a ser escrito.

Com gratidão e admiração,

Zyra Pancieri
Escritora, Mentora e Publicadora

CURRÍCULO

Cristina Michiko Harada Ferreira

- o Naturalidade: Bela Vista, MS
- o Data de nascimento: 26/10/1974
- o Filiação: Adão Garcia Ferreira e Kimiko Harada Ferreira
- Formação Acadêmica e Especializações
  - o Graduação em Medicina pela Universidade Federal de Mato Grosso do Sul (UFMS) – 1998, Campo Grande, MS.
  - o Residência Médica em Psiquiatria na Santa Casa de Campo Grande, MS (1999-2000).
  - o Título de Especialista em Psiquiatria pela Associação Brasileira de Psiquiatria (ABP) – 2001.
  - o Pós-graduação em Terapia de Orientação Analítica pelo Instituto Sapiens.
- Atuação Profissional
  - o Preceptora da Residência Médica em Psiquiatria da Santa Casa de Campo Grande, MS (2001-2017).
  - o Preceptora do Curso de Graduação em Medicina da Universidade para o Desenvolvimento da Região do Pantanal (Uniderp).
  - o Experiência como Perita Forense pelo Tribunal de Justiça do MS e do Juizado Federal (2003-2012).
  - o Atuação em Clínica Psiquiátrica Geral, atendendo crianças, adolescentes, adultos e idosos.

Este livro está disponível para compra na Amazon nas versões em inglês e espanhol

www.ingramcontent.com/pod-product-compliance
Lightning Source LLC
Chambersburg PA
CBHW071220090426
42736CB00014B/2916